U0585964

优化

搜索营销策略与实践

［英］李·威尔逊 著 陈立东 译

南方出版传媒·广东人民出版社
·广州·

图书在版编目（CIP）数据

SEO 优化：搜索营销策略与实践 /（英）李·威尔逊
著；陈立东译. — 广州：广东人民出版社，2018.9
ISBN 978-7-218-13079-8

Ⅰ. ①S··· Ⅱ. ①李··· ②陈··· Ⅲ. ①网络营销 Ⅳ.
① F713.365.2

中国版本图书馆 CIP 数据核字（2018）第 164460 号

广东省版权著作权合同登记号：图字：19-2017-232
Tactical SEO
© Lee Wilson 2016
This translation of Tactical SEO is published by arrangement with Kogan Page
All rights reserved.
Arranged through CA-LINK International LLC (www.ca-link.com)

SEO Youhua:Sousuo Yingxiao Celüe Yu Shijian

SEO 优化：搜索营销策略与实践

〔英〕李·威尔逊 著　　陈立东 译　　　📖 版权所有　翻印必究

出 版 人：肖风华

策划编辑：詹继梅
责任编辑：马妮璐
责任技编：周　杰　易志华
封面设计：Amber Design 琥珀视觉

出版发行：广东人民出版社
地　　址：广州市大沙头四马路 10 号（邮政编码：510102）
电　　话：（020）83798714（总编室）
传　　真：（020）83780199
网　　址：http://www.gdpph.com
印　　刷：三河市荣展印务有限公司
开　　本：787mm×1092mm　1/16
印　　张：15　　字　　数：160 千
版　　次：2018 年 9 月第 1 版　2018 年 9 月第 1 次印刷
定　　价：48.00 元

如发现印装质量问题，影响阅读，请与出版社（020-83795749）联系调换。
售书热线：（020-83795240）

对《SEO 优化：搜索营销策略与实践》的相关赞誉

整体掌握最新信息以及永不过时的方法是你成功的关键。本书中，关于受流程驱动以及以价值为基础的 SEO 方法是完全正确的，并且在接下来的数年之内也是行之有效的。

——史蒂夫·洛克（Steve Lock），Sage 集团全球 SEO 总监

对于任何想解开 SEO 世界奥秘的人来说，本书都是不二之选，因为它不但附有实用小贴士，还有解释得非常清晰的专业术语，这无论对专家还是初学者而言都是非常棒的。

——克里斯·贝赞特（Kris Bezzant），凯捷管理顾问公司人力资源副总裁

《SEO 优化：搜索营销策略与实践》相当于一个一站式的服务站，一个企业应该考虑将他们的网站知名度置于搜索排行榜榜首，并设法保持其榜首地位。

——理查德·托韦（Richard Towey），PerformanceIN 内容负责人

李·威尔逊确切地阐述了如何做 SEO：从入门到考量其成功之处，再到采取结果驱使性行动。无论你是否从事与 SEO 项目相关的工作，本书都是你的首选。

——阿基·里本（Aki Libo-on），《搜索引擎杂志》编辑助理

李一丝不苟，思维活跃，具有数字营销专业知识，《SEO 优化：搜索营销策略与实践》真实体现了其特点。李全面展示了 SEO 知识，同时向我们阐释了如何了解搜索引擎，还提供了有助于你成功管理并了解当今数字营销中的 SEO 的重要性的实用方法和宝贵信息。本出版物是对搜索营销以及我们该如何积极应对频发的变化的伟大探索。我将这本书推荐给那些刚刚接触 SEO 的人，以及那些希望就免费搜索采取全新方法的人。需要提醒大家的是，今时不同往日，现在我们必须打破思维的桎梏，才能在搜索引擎领域崭露头角。

——杰克·库伯（Jack Cooper），英国数字化部门
"草莓汤"（Strawberry Soup）数字营销经理

《SEO 优化：搜索营销策略与实践》不仅仅向我们展示了 SEO 市场的最新概况，还汇集了全世界范围内的方法与策略，可用作培训新手以及资深人士的指导性材料，帮助其以有效、有用的方式工作。

——萨姆·奥斯本（Sam Osborne），

英国数字机构垂直弹跳（Vertical Leap/equilater.al）SEO 技术专家与博主

SEO 已经革新，并且将会继续完善。曾经最好的做法现在可能被视为毫无用处，Google 将会把我们从搜索排行榜革除。《SEO 优化：搜索营销策略与实践》为你提供了关于战略性的最新分析，从而使你能够通过免费或是付费搜索了解读者或是消费者。

——蒂姆·休斯（Tim Hughes），

社会销售网络公司 CEO 与创始人，《社会营销》合著者

李所著的《SEO 优化：搜索营销策略与实践》对于当今任何一个 SEO 顾问都是一本很好的合集；他把 SEO 最复杂的部分进行简化，从而使得本书不仅仅可供日常使用，还说明了 SEO 不是一成不变的，而是可以比之前更完善的。

——克里斯蒂安·斯扎斯多克（Krystian Szastok），

SEO 自由职业者和数字崛起机构（Arise Digitally）代理主管

《SEO 优化：搜索营销策略与实践》为 Google 一如既往的探索提供了无可比拟的参考，以及前卫的思考方式，比如建立你的长期网站与应急预案。本书向你提供了只有资深的 SEO 专家才能向你解读的知识与智慧。

——理查德·托韦（Richard Towey），PerformanceIN 内容负责人

目　录

I

第一章

对 SEO 的
重新评估

学习成果

读完这章之后，你会对以下内容有更深刻的理解：

- 什么是 SEO
- SEO 为什么重要
- SEO 服务的基本商业需求
- SEO 的人文特性
- 所获得结果的价值

很多知道搜索引擎优化（SEO）这一术语的人，都对 SEO 有一定的了解或认知，知道 SEO 是什么，为什么它很重要，同时对付费和免费搜索结果的区别也有基本的了解。

我从 2000 年年初就一直从事本行业工作。在商业和营销行业中，从事这方面工作的学生、总裁、老板以及数字产品发烧友的数量与日俱增，他们在 SEO 的传播方面都有自己初步的举措（内部或是外部）。当谈及 SEO 时，他们几乎有着一个共同点，那便是他们对 SEO 知识驱动型策略都有所了解。

图 1.1 反映了实践中的片段知识。在时间轴的一段，我们会看到过期（过时）的 SEO 以及目的性非常强的排名目标。讨论了 SEO 是什么之后，本章也会更详细地定义"过时的 SEO"。

图 1.1　反映了这种片段知识在实践中的极端情况

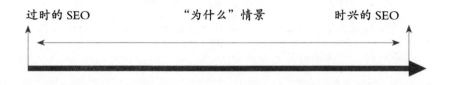

遗失的部分以及这些以"片段知识"为依据的方法，整体上忽略了（不管在时间轴的哪个位置）"是什么"背后所隐藏的"为什么"。比如，对情景更深的逻辑理解、所完成的行为目的以及与独立完成的行为截然相反的情况。

正是因为不断地对"为什么"情景的使用，才形成了有效的SEO 战略，同时也持续形成了本书的线索。

什么是SEO

任何人对 SEO 进行投入时，无论是资本投入还是时间与资源的投入，都应该回答这样一个基本的问题：什么是 SEO？如果你向 10 位专家咨询这个问题，很可能会得到几种不同的答案。

> **什么是搜索引擎优化（SEO）？**
>
> 搜索引擎优化（SEO）是专家利用专业知识而进行的优化，目的在于提高从搜索引擎到网页或网址的有机（付费的、自然的或是免费的）流量的质量与大小。

如果将"什么是SEO"这个问题逐步分解为几个小的组成部分，你会发现SEO非常有意义。

使用

专家水平的理解程度，对一个SEO策略的成败有着阻碍或催化作用。如果缺乏对已完成任务的类型的专注力，那么结果通常会最大程度地与理想背道而驰，而且在最糟糕的情况下，还会对下一阶段的潜在收获毫无意义。策略过多而不采取行动，则会不断错失良机。

专业知识

与更早更传统的专业知识领域相比，SEO作为营销手段的一种，必然还处在萌芽阶段。尽管这样说，但是SEO行业风云变幻的速度以及市场准入的低门槛，使其在全球范围内成为最具竞争力与潜力的高回报行业。

可见性

上述的定义不够详细明确，如果可见性差的话，有机搜索流量是不可能实现的。在这种情况下，所谓可见性指的就是影响。简而言之，也就是你的有机广告出现在搜索引擎结果页面（SERP）上的次数。假设关联性存在于可见性的新领域，那么额外影响会直接带来流量收益，并且最终会实现想要的终极结果。

质量

将质量放在数量之前定义是有目的的。只有在流量的质量能支撑一个直接的最终结果的可能性中，流量才有效。可以通过多种方式测试质量，包括点击率（CTR）、网站访问时间、平均网页流量、微观或宏观转换以及其他方式。

数量

一旦符合了质量标准，提高网页或网址的质量，便是每个 SEO 项目的关键性优点之一。如果没有获得额外的流量请求，那么要长期管理一个有效的 SEO 活动，几乎是不可能的。

自然（流量）

通常指免费、天然或无需支付的流量（即无偿流量），"自然"一词与每次点击都不会产生任何费用的 SERP 部分相关。毫无疑问，这推动更多相关和免费流量的累积价值，使得 SEO 成为很多公司营销组合的核心。

免费、付费与其他点击方式之间可用的总点击量的百分比是不同的。但是，数据来源之间的共同相关性，使得免费点击率占 SERP 总概率的 45% 到 50%。

表 1.1　典型搜索引擎结果页面的点击率

问题搜索	
付费广告	*付费广告*
免费广告	

搜索引擎

Google、必应与雅虎都是搜索引擎的代表。

搜索引擎是一类或一组程序，用于查找和浏览存在于特定搜索索引（或数据库）中的项目（通常为内容），并与用户查询相关。在大多数情况下，向用户反馈查询的结果采用的是万维网（www）上的网页或网站的形式。在这一点上，值得注意的是互联网作为万维网，只是一个网站的存在而不需要其他的协议。

值得注意的是，搜索引擎将搜索结果反馈到信息驱动的搜索查询中，并且将该信息存储于搜索引擎的索引中。一个搜索引擎索引绝不会包括所有可用的信息，也不会包括绝对的最新信息。尽管把发现的新内容编入索引以及可能展示的量额与速度在迅速地提升，但绝不会成为完全的现场信息反馈。

网页（网址）

网页是可以通过万维网在浏览器上阅览的独立文件（大多数情况下为超文本）。网页通常包括不同类型的内容和相关的文件，以及连接其他网页或是网络文件的超链接。

网址是网页的集合，通常以层级或是逻辑方式进行构建，并且与那些常专注于单个话题或是突出性话题的特殊实体（可能是个人、企业或任何其他可认同的相关个体）相联系。

什么是过时的 SEO

过时的 SEO 可能涉及很多领域，我们在之后的部分会具体讨论一些更加常见的过时性策略。我们应该规避这些已经过时的 SEO 传播方式。

SEO 行业的变化非常快，如果跟不上行业发展的步伐，势必带来消极的影响，如手动操作 Google 的不便以及有限的成功搜索。

需要注意的是，过时的 SEO 和黑帽 SEO 是有区别的，它们的主要区别在于意义的不同。

黑帽 SEO 就其基本形式而言，主要与明显违背搜索引擎（最为人所知的是 Google）指南的使用规则有关。在很多情况下，黑帽 SEO 与短期内的认可度较低或不太关注正在（或是应该）优化的用户有关。黑帽 SEO 只是把关注搜索引擎获得的有限的用户价值作为已完成行为的直接结果。

过时的 SEO 包括很多内容，正如在黑帽 SEO 中所见的用于搜索引擎服务器的相同策略。但是，通常策略背后隐藏的意义，并不是为了人为的成功而欺骗（或戏弄）搜索引擎，而是从有限的影子信息或根据当前专业知识的深浅程度，对搜索引擎优化进行传播。如果我们对为了商业利益而迎合 SEO 的需求进行全面认真思考的话，就会发现"一知半解是一件危险的事"这句名言是非常正确的。

重视单一的关键词

优化内容和焦点话题领域中的关键词与过度关注 SEO 传播领域中确切的单一的热门术语（或非常有目的性的简短术语）之间，有着很明显的区别。在为网址创建内容时要完成关键词的搜索，这有利于真正地了解用户需求，也有利于目标明确地创建内容。优化内容要求关键词的使用要熟悉相关知识。为了某个术语的排行目的，在内容中反复使用同样的关键词实属过时的策略，因为这只具有优先的短期潜力。在创建内容时，需要考虑以下的问题，这将有助于认清自己是否过于在意关键词。

1. 网址上是否有内容相似的其他网页

为了一组精选关键词的排名，如果已经创建了登录网页的网站，这时若想将一个网页与下一个网页的目的或价值进行区分，是非常具有挑战性的。

建议：阅读相同内容的网页，清除掉重复的关键词（或少量关键词），并要有目的性地考虑剩余的内容是否具有特殊价值。如果没有，就说明你很可能过于专注确切的搭配或是单个关键词。

2. 在你的网站上是否有太多的术语变化

内容深度的展示，在于自然段的内容以及术语的变化。你读高质量的文章、杂志或是论文时，不可能在数秒内就清楚其优化方案，对于你创建的网站中每页的数字内容来说，道理也是同样的。

建议：将你的网站复制粘贴到 Word 文档中，找到（使用 Ctrl+F）与之确切匹配的关键词实例，再与其他相关术语（包括毗邻术语）进行比较，看看这个术语出现的频率有多高。如果有清楚的权重，你可能需要重新访问内容，并在多样性、同义词以及可能在少量的用户驱使价值层面上进行增加。

3. 你会不会以你编写内容的方式向他人诉说

大声读出你的内容，可能是非常有价值的练习。如果你在开放式的环境中这样做，可能会有一点挑战性，但是当你把这个简单的步骤加入到你的编辑程序中，内容的质量将会得到较大的提高。

但是，如果大声地朗读以关键词为中心的内容，这可能会让人感到很尴尬。很明显，这是因为要么创建的内容具有非常小的独立价值，要么人们脑海中还没有这种内容。

建议：你编写内容时，在起草最初的内容与写实际出版内容之间，至少预留几个小时的时间。在这期间，你可以完成一些毫不相关的任务，之后再返回来大声朗读。如果你介意别人看着你自言自语，那么可以到一间会议室，想象自己在向另外一个人（最为理想的人是你高度赞赏其观点的人）进行讲述。假如你对自己正在写的内容都感到少许尴尬，那么就不要刊载了。可以再次从用户的角度出发想想关键词的使用，并在脑海中重新创作。

4. 你是否使用关键词密度仪

关键词密度仪是相对于同一网页中其他术语的总数而言的，一种测量特殊关键词在网页中被提及的次数的百分比（斯达）的工具。这可能包括规范、文献或是独立的主体内容中的参考内容。

首先，将关键词密度仪用于改善 SEO 性能与确认过多关键术语重点存在。应该思考这个问题，从而评价你为什么会使用关键词密度仪。

如果在内容中，你已经有了关键词的目标百分比，或是你认为已经有了最好的关键词密度，这说明你正潜在性地游走在优化的信息与毫无意义的信息之间。

隐藏内容

当你将一些内容加入你的网站时，不管这些内容是什么形式的，通常都会有明确的浏览者。如果你将内容添加到你的网站，并将其对用户进行隐瞒或是隐藏，那么你就需要考虑你自己正在做什么以及自己为什么会这样做。通过隐藏内容（比如有着与网页背景相同颜色风格的内容对用户不可见），网站将以对用户（需要规避的内容）完全回避的方式，对搜索引擎优化的一方面进行服务。还有些例子，它们有着连接功能性，可能也可以式样连接，这便于它们能以标准内容的形式出现。

另外，关于隐藏某些网页内容，有合理的理由。举个例子，你也许在特定网页中有着不愿意清除掉的内容（比如所有服务与产品网页的用户、可能需要阅读的金融术语和条款），对于这种类型的内容，可以从视觉上进行隐藏，或者用户要浏览需要进行额外的操作（比如点击"阅读更多"、内容表或其他功能）。这跟很多有些过时的策略一样，有很多使用这些隐藏内容的合理的理由。了解消极使用的目的，是为了自我评价。你应该想想：自己正在使用的策略是否是对的，或对维持搜索引擎的成功是否可能造成潜在的损坏。

你如果要对用户进行内容隐藏，就该问问自己以下这些问题：

- *我为什么不希望用户看到这个内容？*
- *这个内容的需求是什么？这个内容是为谁而设定的？*
- *我希望通过这个内容实现什么样的目标？*

门户网页

门户网页也有"桥接网页""门道网页"等其他称谓。门户网页是为了刷新含有低质量和低用户价值内容的搜索引擎结果网页，而取得较高排名并通过流量进入另一网页或领域而创立的网页。这些可以在毫无独特价值的局域网页上经常看到，它们会在用户点击搜索引擎广告后过度重复相同的一小组关键字并重新定向到另一个目标。使用这些网页有很好的理由，但是如果你真的要利用它们，就应该问问自己：

- 门户网页的用途是什么？

- 这些网页是为人还是为搜索引擎而设计的？

- 网页的关注点和价值是否受到严厉限制，还是为了在网页上推出大量的通用流量？

- 网页是否有独立的价值？还是它们仅仅是网站上其他有更深层内容网页的注水版本？

- 人们是否能够通过访问这些网页从而浏览网站的主要内容或关键词，这些网页是否限制了用户的体验？

重复性内容

重复性内容也被称为报废内容或复制内容，是出现在片段中或是出现在有或没有明确许可的网站上，或是在很多情况下并不提及内容创造者原始资料的任何内容。复制内容的预想结果，在于以内容带动搜索引擎排名、潜在的影响、浏览量和销售量，而不需要对其创造进行投入。复制性内容也可能指存在于你自己网站中的其他部分和网页上的内容。

当谈及复制性内容时，请思考以下问题：

- 为什么出现了复制性内容？可能是其他网站剥夺了你的内容，可能是你的内容管理系统（CMS）制造了网页的多个版本，也可能是你有意识地复制了其他网站的内容，以便利用人工搜索成果——还有很多可被归纳进这种自评领域的情况。

- 在你的网站上是否还有很多拥有有限用户或是网站模板之外的

内容价值的网页？

● 是否通过翻墙和索引都可以获取你所有的网站内容？

● 你是否提升了你网站内容的整体性或在外围网上改进了其大部分内容？

低质量链接构建

低质量链接的构建除了包括创造大容量、低质量的链接、链接场与不相关链接的构建，还包括从其他网站寻找的外部链接，以通过网站授权（或伪造，提升人工搜索引擎排名）。暂且不谈质量、相关性和用户的感知价值，对于主要搜索引擎而言，链接是非常重要的排名信号之一，因为对网页、网站的价值和相关性有重要意义。并且还有很多有效链接构建策略都对支撑 SEO 的目标很有必要，因为质量是决定性因素。你考虑构建低质量链接时，需要问自己一些关键性的问题：

● 链接的目的是什么？

● 链接活动是否与 Google 指南背道而驰？

● 如果在现场会议上整理链接，你是否会感到欣慰？

● 链接是否会提升你网站的参考浏览量？

● 链接网站的关联性如何？

● 你使用该网站链接的频率如何？

● 你使用何种锚文本？为什么会使用它？

● 你的网站有多少不同类型的备用链接？

● 你网站上大多数的外部链接指向何处？

- 外部链接域有多大可信度和权限？
- 是否所有的链接都通过了授权？

付费链接

你可以从外部网站和驱动引来流量，并购买链接或是任何形式的广告内容。这是付费营销的一种有效形式，并且将这项技能用作多渠道营销策略的一部分，也是无可厚非的。但是一旦有问题，就会出现付费链接操作失效的情况。付费链接应该尽可能标注明确，否则不能通过授权（或网页排行）。通过购买和销售链接获得的价值，直接违背了 Google 指南，并且还会导致网站受罚，包括计算机算法系统实质排名的下滑与 Google 操作处罚。所有付费链接都需要具有将使用属性添加进超链接的功能。如果你付出或得到了价值（不仅仅是货币价值，当然，这是链接支付最常见的结果），那么你应该问自己：

- 链接中是否有任何付费链接？
- 是否所有的付费链接都已标注清楚？
- 付费链接是否通过了授权或是网页排名？
- 你是否正确使用了链接属性？

为什么 SEO 如此重要

SEO 提供了可见性，为人们带来了门店并鼓励人们进驻。SEO 不断维护你的财产，设法增强你与客户沟通的技能，并给你推送信息。

你可以通过SEO发现客户的需求，可以为市场股份找到新的机遇，并满足客户的需求。

SEO有助于你与最大的廉价商、全球品牌以及最激烈的商业模式进行较量。

SEO最大的特点在于它是免费的，而且从不需要测试，可以无休止地运行（不像人工作时还要休息、睡眠）。

鉴于上述考虑，SEO如此重要的原因，在于你的商业活动需要它。这些是SEO的基本商业需求，我们接下来会具体探讨。

SEO 服务行业的重要需求

每个公司，不管是否以盈利为目的，都有着能使其运转的基本需求。如果运用得当，SEO会起着积极的支撑作用，可以满足很多重要的商业需求。

图 1.2　SEO 基本商业需求模式

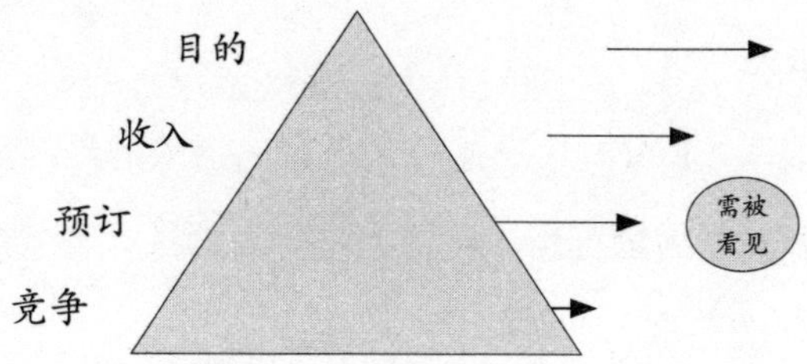

1. 能被看见的需求

公司最基本的组成要素与网站需求，当然指的是在线环境的可见性。毫无疑问，这是所有成功搜索的构建基础。如果没有出现在相关的在线搜索环境中，可能就无法带动网站的流量。

2. 竞争需求

如果一直在线显示是首要需求，那么在线竞争则紧跟其后。如果遇到了财政瓶颈，不管多少，总有支付的上限。出现这种情况时，你需要借助 SEO 并以可扩展的方式在诸多竞争中得到有效的排名。

3. 雇佣需求

如果行人在通过店面的橱窗时，停步看你所售卖的货物，你会发现他们是有需求的。来来往往的客流量增强了你满足其需求的信心。从出现（预点击可见度）到参与（点击购买）的瞬间，你就得开始想怎样才能达到他们的需求，如何提供对用户和商户都切实可行的有效方案。

4. 盈利需求

投资回报率（ROI）几乎是每一个营销活动的最终目的，SEO 也不例外。效果转化为浏览量，浏览量转化为销售。这个过程的效能与效力就是 SEO 的艺术。

5. 达到目的的需求

无论是部分还是整体，如果没有商业目的的话，之前的任何一个目的都不值得一提。目的有助于定位策略，对于任何有差异的价值方案而言，都是一种驱动力。

一旦你超越了 SEO 的商业基本需求，就有必要考虑 SEO 所起的一些专业作用。在继续阅读之前，以下所有值得一提的内容都是人为因素的组织作用的有趣之处（即 SEO 能传播的人为因素）。

图 1.3　搜索引擎优化的要求

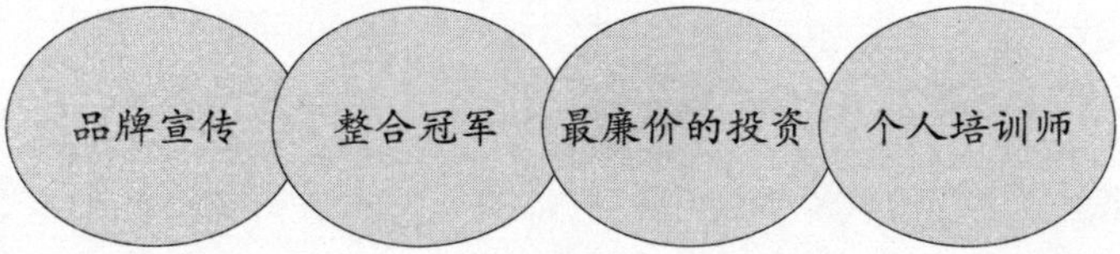

品牌宣传　　整合冠军　　最廉价的投资　　个人培训师

品牌宣传

SEO 结果是挣来的，而不是购买来的。对于搜索者而言，这可提高信任度，并可将之放在感知价值的免费列表中。信任的原因，可能是对以价值为主的工作的认知和认可，为了搜索相关的竞争性表述，这样的工作需要反复做。

每次展示搜索效果时，信息都与显示的 URL（统一资源定位符）相关（与你的品牌相关）。出现在对话中的次数越频繁（这种情况下，对话介于用户和搜索引擎、用户和社交网络、用户和任何其他能被 SEO 影响可见性的数字形式的交流等），SEO 向用户宣传你的品牌的形式就越直接或越间接。

在思考支撑这个论述的标准时，就会发现最相关的是直接流量的增长趋势，它能反映很多成功的 SEO 活动。具体来说，你可能也会将直接流量分成品牌与非品牌。期望品牌直接流量会因为 SEO 合作伙伴和品牌宣传而超过非品牌流量的增长。

需要说明的是，品牌流量是特别提及你的品牌名称或品牌名称变化的流量。因此，如果你的公司叫做"威尔逊网站"，那么品牌流量可能被分为威尔逊网站、威尔逊、威尔逊网址等术语。

因此，非品牌流量是除品牌名称和品牌变化之外的一切内容。

举个实例，A 公司的一个创业组织旨在提高品牌意识的商业活动。若想获得初步的网络口碑，公司需组织个人品牌来构建混合体（公司内的重要员工利用其专业知识和已有的个人网络和身份）和建立商业品牌（主要基于社会媒体的使用和与当地所有现有客户相关的品牌意识）。

品牌构建策略的组合开始影响搜索效果、进入网站的流量以及其他类型流量，包括社交参考流量和人们在网上直接输进搜索引擎的直接流量。所有的流量都跟品牌（商业品牌和与商业相关的个人品牌）相关。

整合冠军

网址上的每次互动，都会随 SEO 而得以改善。每设计一个新的网站时，SEO 都会在风格和实质内容之间寻求平衡。当与用户体验相结合时，SEO 能为用户提供其所需的最佳形式的数据。

至于内容创建者，SEO 则鼓励利用逻辑驱动的设计手段来发挥单个书面文字的价值。SEO 充分利用专业知识间的相互结合来实现让事物变得更好的共同目标。

将价值更高的内容整合进 SEO 比之前体现的任何作用都更具逻辑性，是因为你能非常明确地将用户参与独立开来，但 SEO 在这方面仅仅只是一个常量。

最廉价的投资

当你对 SEO 进行资本投入时，展现的点击率就意味着累计量会带来最廉价的投资回报。不同于付费广告的是，它所获得的唯一的可见性就是有效地满足需求。也就是说，从 SEO 收到的流量不会以另外的价格出现，它通常会带来更高的用户期望。

用户要求的是可行性与传播速度，而不在意所用的设备。人们根据结果和远超浅层响应的清晰的直接价值，来匹配他们的搜索查询。

常见的诱人机会，是从一个网站回弹（POGO 杆）至 SERP 再回到另一网站上，这就意味着抓住游客 ROI 的机会，虽然窗口很小，但你可用正确的方式将其扩大。

个人培训师

每个网站都需要用重复的指令进行常规检查。SEO 技术能构建网站的核心力，从而提高应对黑客侵入和网站故障的能力。通过不断完善，提高网站的技术性能，从而获得除了搜索索引、地域和口碑之外的信息。

能够将 SEO 比作另一实体的类比法有很多，其中一个便是将其比作人类。

人们需要定期的健康检查来确保身体没有被长期忽视或被耽误治疗（也就是传统的 SEO）。如果你忽视了身体某一部位的健康，其很可能就会开始运转不畅（对于网站而言，这可能包括网站速度以及受损的链接，而且还可能会涉及更广的范围，比如网站运转不佳）。

你在 SEO 框架中增加大量内容时，必须考虑其对性能的影响（大量内容很容易被视为新网页，或是像网站的视频内容一样变化的其他内容）。

另外，还要考虑一下对于网站而言是新内容的东西，相当于供人体消耗的食物，因为人们和网站都想获得与他们互动的人的注意力。

了解获得结果的价值

这部分的重点，在于深入理解为什么通过免费搜索引擎优化（SEO）会获得成功，而不是与通过付费所获得的媒介类型相比较。

为什么在线获得的结果会如此重要？

如果想要获得重要的信息，你需要专业知识、资源、创新和付出，才能获得根本性的结果。我们在没有这些条件的情况下，不可能获得 SEO 的长久性成功。倘若获得的某些关键信息能反映应得到的结果，你就能获得付出的成就感。你获得了一些在线信息，通常也会从中获得直接和间接的商业利益。

获得的结果支持消费者生产内容（CGC）

广义上而言，也称为"UGC"（用户生产内容）。获得性搜索成功的非常明显的信号之一在于创建、分享和使用，并非你（你的商业活动或是你的网站）发明的内容。客户生产内容的类型有很多种，但是主要的内容领域均与获得性结果相关，包括评审、客户认证、社会公共关系、论坛和用户（或消费者）案例研究。

从 CGC 中获得的价值也不尽相同。但是，它往往对最基本的价值决定具有最直接的影响，因为它对人们设法将所需的最终信任信号聚集在一起，从而做出新的购买决定有影响。当商业活动把 CGC 的形式与外部信任投票相结合时，就 ROI 而言，价值或收益结果就能被用来直接计量了。

通过增加浏览者价值来获得积极的公共关系

你完成了搜索引擎优化设计，并且把这种优化理念传达给了最重要的浏览者（对于你的商业活动而言，可能是其底线），再从这种积极的公共关系的信息中提取、筛选和收集有价值的内容，其结果就不再显得那么重要了。

获得性公共关系通常源于有形内容（通常是个人创建的内容、专业观点、自由发表的意见等）的发展，目的在于获得与使用。

勤奋的付出使你的网站运行更健康

获得长期性在线成功的较为常用的策略之一，就是在搜索引擎优化过程中创建具有深度的内容。如白皮书、指南、详细报道以及其他劳动密集型内容，这些都有可能提高用户价值，但是只有在特定的营销渠道范围内才可行。

上述原因与每次新的点击都会降低点击的成本。尽管免费流量并不是 100% 免费的（因为需要支付某些形式的费用），但是与其他以成本为基础的商业形式相比，抽出资金用于投资更大规模的生产，总会比在免费媒介投放广告更加切实可行。

这种以价值获取结果的循环位于取得在线成功交付的指标中心。

图 1.4　在系统指标达成中价值获取的结果循环

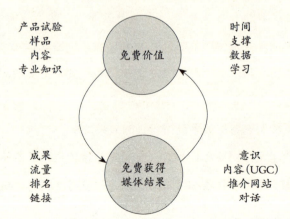

关键术语

1. 搜索引擎优化（SEO）

搜索引擎优化是对专业知识的运用，目的在于提高从搜索引擎到网页、网址的自然（免费的、天然的等）流量的质量和数量。

2. 黑帽SEO

黑帽SEO在基本形式上与明显违背搜索引擎指南（最为人所知的是Google）的规则有关。很多情况下，如果有黑帽SEO的话，都与短期的规则相关，主要原因是认知度低，实际用户关注较少。黑帽SEO几乎完全着眼于搜索引擎，能作为已完成的行动的直接结果的用户价值也很有限。

3. 过时的SEO

过时的SEO包括很多用于黑帽SEO的相同规则。但是规则背后的目的，通常并不是欺骗搜索引擎而获得人工成功，而是从浅层有限的信息层面或深层有限的知识层面来传递搜索引擎优化。

4. 关键词密度仪

关键词密度仪是计算某一具体关键词与同网页上其他术语相比，被提及次数的百分比的方法。在确定关键词密度特点的过程中，其提供的工具在很多方面都会有所不同。

5. 门户网页

也叫作桥页、网关页等。门户网页是创建传播低质量和低用户价值内容的搜索引擎结果页面以获得较好排名，并通过流量进入另一网页或区域的网页。这些可以经常在毫无独特价值的局域网页上看到，它们会在用户点击搜索引擎广告后不断重复一小组相同的关键字，并重新定位到另一个目标。

6. 重复性内容

也叫作抄袭或是复制内容。重复性内容是指在你的网站上发布的其他网站的部分（大部分内容而不是片段或是参考文献）或是全部（包括未经明确许可的部分）内容，甚至在很多情况下，还会涉及内容的创作者。重复性内容也可能指存在于你自己网站上的其他部分或网页的内容。

7. 低质量链接构建

这包括创建大量低质量的链接、链接工厂和不相关链接构建。这也包括从其他网站重复寻找外部链接，旨在通过权限进入你的网站（最终欺骗来访者或人工搜索引擎以获得较好排名）而不管质量、相关性或是来访者的感知价值。

8. 外包

决定使用外部提供商的服务。这可能是一些服务构成的一部分或是整体服务。

9. 内部

决定公司是否构建具备相关专业知识或能力的已有团队。

10. 策略

具有理想结果或最终目标策略计划的一组行动，可以是短期的、中期的或是长期的。

11. 投入

与现金（或其他付款形式）的使用相关，目的在于增加初始经费。通常情况下，这意味着增加资金，提供服务。

12. 投资回报率（ROI）

从对所提供的服务进行冒险性投资的人员、商业活动、实体中获得的利益。ROI越大，投资的利益就越大。

13. 提倡者（品牌）

对商业产品、个人、服务或是其他实体公开提供积极观点的个人。

14. 直接流量

网页或网站上不包括之前的参考源的直接流量。这主要源于人们直接在浏览器地址栏中输入的网址（URL）或是对书签内容的使用。

15. 整合

为了共同的目标、目的或最终结果而一起工作（合作）。人们常说合作的价值远远超过从单独的交付方式中获得的收益。

关键点

● 搜索引擎优化是对专业知识的运用，目的在于提高从搜索引擎到网页或网址的自然（付费的、天然的或是免费的）流量的质量和数量。

● 在创建有效的SEO策略的整个过程中，保持怀疑的态度具有重要的作用。

● 每个公司，无论是哪个行业的，无论是否以盈利为目的，都有很多使其运转的基本需求，如被看见的需求、竞争需求、使用需求、盈利需求和达到目的的需求。

● 搜索引擎优化，需要专业的知识、资源、创新和付出。如果没有这些要素，是不可能获得长期的 SEO 成功的。

● 获得长期在线成功的较为盈利的策略之一，是创建具有深度的内容。

第二章

了解 Google

学习成果

读完本章内容后，你会对以下内容的实用价值有更深的了解：

- Google 精神的基本要素
- Google 和 SEO 的共性
- 使用备忘录法优化 Google
- 为什么其他搜索引擎很重要

你对 Google 真正了解多少？

深入研究 Google 精神的基本要素之前，好好了解一下公司的概况是很有必要的。

Google，成立于 1998 年，截至 2014 年，收益已经超过 550 亿美元。截至 2015 年，Google 已经 6 年蝉联《财富》"100 家最适合工作的公司"榜首，并且已经被列入该名誉列表长达 9 年。仅仅在美国，Google 就雇佣了 4 万余名员工，在全球其他范围内还有更多的员工。

搜索引擎的名字最初源于 googol，是一个数学表达式，即 1 后面 100 个 0。

尽管 Google 以其付费盈利模式著称，但是其第一个付费广告出现在 2000 年，从纯文本广告发展到包括移动、视频和其他赞助商类广告。

Google 村（Google 实体总部）位于加利福尼亚山景城。但是，

Google 也有一个全球实体基地。尽管 Google 在全球范围内占据了统治地位，但是它依然努力维护传统文化类型，并有很多成功的创业公司。同时，有趣的工作环境激发了员工的创造力、自由的天性和创新精神，使得他们敢于承担风险、挑战现状。错综的 Google 文化是员工多元化、平等与包容的源泉。

为什么对 Google 的了解是非常必要的？

Google 主宰着全球搜索。最近 Google 的市场占有份额是其美国的竞争者的三倍多，在英国的主宰力可能还更大。

Google 精神的基本因素

Google 宣言"我们知道的十件正确的事"，是对 Google 精神解释的基础。据说公司成立后不久就发表了该宣言，并且据报道，从那以后 Google 一直恪守这个宣言。下面是支撑 Google 哲学的十点内容，与搜索引擎成功有直接的联系。

一切都源于用户焦点

Google 之所以是一个巨大的成功创收实体，这与公司服务用户的指导原则息息相关，而不是竞争力，也不是对用户的伤害。

你看 Google 输出搜索引擎结果的方法时，就会发现以上陈述的意义非常明显。

在付费与免费（或天然清单）之间有清晰的区分。就这一点而言，它为用户增强搜索体验提供了直接的方式。终端用户从诸多竞争排名的公司中能决定选择搜索的过程，并且可以从众多高盈利机构之间进行选择。终端用户也可以享用那些针对用户搜索查询而创建的授权、相关性和价值的天然列表，来完善其搜索过程从而获得更高的排名。用户的第三个选择是付费与天然结果的结合。这个方法能使用户在突出搜索区域的公司里考虑其优势。

除Google徽标之外，你可能注意到这些搜索结果页面是多么简单。颜色的使用是有限的，并且交互式分散也是非常有限的，这就意味着所提供的信息呈清晰而重复的形式。

当搜索结果交付级（相对于点击后级别）可以派生出额外的用户价值时，Google 还会提供新层次的信息，比如 Google Knowledge Graph、Google Carousel 和 Google Local Pack 结果。

以下表格就这些搜索显示元素如何能在搜索结果页中被看见，提供了范例。在这一阶段，由于搜索查询（具体来说是搜索查询类型）、搜索引擎局域目标和其他变化的不同，考虑这些显性的变化是很有必要的。

清晰而简单的结果传播可能不会表现得尤为重要。但是，你想起 Google 利益模式之一是付费广告时，就会惊奇地发现赞助性（或付费）广告并不会通过分散用户注意力来维持收益的增加。当然，像分散注意力这样的因素，首先对于用户而言是非常关键的，其次对于 Google 的收益也是很重要的。

当你删除了网页的所有完整数据和其他与本特征不相关的定位之

后，表 2.1 会显示一个包含 Google Knowledge Graph 的基本搜索引擎结果页（SERP）。

表 2.1　受用户驱动的选择性搜索引擎结果显示
选择——Google Knowledge Graph

搜索查询	
自然广告	知识段落
自然广告	积极空白页

表 2.2 展示了 Google 搜索结果，重点在于 Google Carousel 内容元素。

表 2.2　受用户驱动的选择性搜索引擎结果显示
选择——Google Carousel

搜索查询	
评论 / 付费广告 / 局域列表	Google 地图 / 局域列表
天然广告	积极空白区

表2.3中，你清除掉所有可见元素并加入Google Local Pack信息后，就可以看到Google搜索引擎结果页面的主要构成部分。

表 2.3　受用户驱动的选择性搜索引擎结果显示
选择——Google Local Pack

搜索查询	
本地列表	*付费广告 /Google 地图变量*
天然广告	*付费广告 / 评审变量*

Google 搜索

这是 Google 的重点。Google 传播的任何内容（不管是像 Google 邮箱、地图这样的产品，还是其提供的补充性服务）都是对解决搜索需要的持续关注的结果。重中之重，是要比其他任何人都做得更好的精神。

在这一阶段，注意 Google 如何将这个持续的完善方法直接发展到将一件事做到极致（搜索），或是将从这个任务中学到的知识加以运用，也是很重要的。

表 2.4 显示了一些 Google 产品，这些产品是专注于把一件事（即案例搜索）做得更好的直接结果。

想想这个论述——"Google do search" 是非常有趣的。由于

Google 目前已经有了很多大家都很熟悉的产品（地图、办公文档、自驾车），因此要确定这些内容建立的基础，可能是一个挑战。

将一件事做得极为出色，已经使 Google 几乎垄断了每个有搜索竞争者的市场。这跟 Google 早期在说英语的地域推出贝塔测试及更多内容一样不太明显。

表 2.4　单点产品开发模式——Google 搜索

专业搜索	Google 网	Google 媒体	Google 商业
定制搜索 金融 潮流 购物 学术	搜索 工具栏 浏览器 书签	YouTube 图像搜索 视频搜索 书籍 新闻 Picasa	关键词竞价广告 我的商家 移动电话广告 工作 App 相关广告
Google 社交	Google 地理	Google 创新	Google 移动
Google+ 博客 视频群聊 群组	地图 地球 地理定位照片	密码	产品（派发） 搜索 地图
Google 之家与办公			
Google 邮箱、驱动、办公文档（Docs）、页面、幻灯片、表格、图纸、网站、日历、翻译、Google 云打印、Google 云笔记、Google 商店。			

爆炸性搜索速度纪录

Google 希望尽可能以最快的速度向你提供最终结果。生活中的很多方面，往往都是过程的问题，而不是目的地的问题。但是就传递与需求匹配的搜索而言，主要还是以尽可能快的速度帮助搜索者抵达目的地，从而获得搜索结果。

这与 Google 的精神"更快比慢要好"有很大关系。Google 的惊人之处，在于其通过每种精神所传递出的持续的、朴实无华的思路。只要你对简单概念思考得越多，公司成功的领域就越大——可能是最大的区域。

传播的速度将我们带回到了我们讨论的第一个精神即"一切都源于用户焦点"。以最快的速度回应人们提出的问题，对查询做出相应的回答，表现出对人们宝贵时间的重视。Google 提高速度的成功层面和传播的准确性，解决了用户的需求以及从桌面到移动搜索体验的期望，还有那些介于二者之间的林林总总。

Google 能够在几分之一秒的时间内（几乎是同时）交付大量的搜索结果，这是一项巨大的成就。日益高效的搜索、结果交付的最终成果，源于不断的完善、创新以及"做好搜索"的承诺。

互联网投票

虽然 Google 已经测试了很多种决定特定搜索查询的网站排名的方法，但是它还得依赖于外部信任信号，才能弄清楚一个网页的价值、相关性以及满足用户需求的程度。在这里，我们主要谈谈四个链接。

从一个网站的内容到另一个网站的内容，链接提供了介于信息、查询和探索（编入索引）新信息之间的直接整合方式。对于像 Google 这样的搜索引擎而言，要从数据上确定一个网站聚集了多少信息作为外部信任信号以及对任何特殊话题的授权，也是可能的。质量与数量这两个因素，造就了这个基于信任方案的数学权重。

在 Google 算法中有几百个排名因素，可以在几分之一秒的时间内，向我们交付最终结果。正是从外部链接（与广泛认可的搜索和反向链接中的用户价值相关）中推导出的预期价值更趋近链接构建以及相关领域的增长。

正如你所期望的那样，在任何政治投票系统中（假设存在着不公平的竞争），投票系统越具有包容性，参与投票的人数就越多，最终结果也就越公平、越具有代表性。这跟 Google 的搜索成功性没有什么区别。

下面是一个产生额外信任信号的公司的实例（在这个例子中，链接指向网站）。

B 公司销售能解决诸多问题的综合型产品，但是人们很难理解并购买。通过创建一些在线链接内容，这个公司自然有机会获得信任投票（即从外部网站指向网站的链接，也叫做"反向链接"）。

在这个例子中创造的可链接内容，包括解释产品功能、对一些常见问题的解答以及一段关于这个产品所能解决的主要问题的视频。

除了与该内容相链接的外部网站的自然链接（可能在某种形式的内容推广之后将信息提供给合适的人）以外，还有个方法就是将内容向市场推广，以获得额外的具有前瞻性的链接构建。比如，搜索社交媒体的相关问题，然后将人们引向已经设定在添加了新内容的网站上的答案。

四处皆答案

不管你在哪里，也不管你想什么时候获得信息，Google 都会尽可能向你提供你所需的答案。全世界移动信息释放的发展与搜索结果能力和互联网内容相结合，并且日渐移动化，这就意味着信息交付的地点不再局限于某台电脑前。

与传统的桌面式交付相比，随着移动科技的不断进步，搜索引擎能提供完全不同的移动式搜索体验（一种类似服务的体验）。

你能变好，还能赚钱

Google 是个盈利性实体公司，只有盈利，才能实现企业的其他目标。当人们将人类的特征应用于公司时，他们经常会表现出消极（甚至是邪恶）的一面。这正是 Google 所热衷于挑战和改变的事情。

Google 从搜索引擎科技以及他们提供的广告中获取利润。为了引导交付方式，Google 创立了三大支柱广告。

在表 2.5 中，你可以看到 Google 广告的三大支柱，它们被分成了相关性、简洁性和整体性三类。

探索无止境

信息呈指数型发展。驱动性要求驱使我们探索更多内容，为了搜索查询，我们需要理解相关信息。新的信息类型正在不断出现与被使用，Google 指导性纲领的一个关键之处，就是在于对信息的不断探索与展示。

表 2.5　Google 广告的三大主要支柱

相关性	简洁性	整体性
并非所有的搜索结果都有赞助（支付）广告。	广告并不是将用户的注意力从搜索结果页面转移开。	付费广告的所有形式，都在 Google 搜索结果中被清晰标注。
背后隐藏的一个重要逻辑在于广告必须具有相关性，并且向用户增加一定程度的价值。	他们（广告赞助商）不会一窝蜂似的提供赞助，或放入其他"华丽的"诱人之物。	这使得用户能有根据地做出决定，并对所提供的免费结果与付费结果进行区分。
Google 相信广告也能向用户提供价值，并且广告也是公司的第一收益来源。如果广告满足相关性标准，就会一直给公司带来收益。	广告是以文本为基础的，为提供最大的点击通过、促进付费广告媒体成功的基本要素，这一点已经被证实。	当谈及搜索引擎结果的部分页面的赞助性付费广告排名时，Google 坚持他们自己的整体性与客观性标准。

万向信息渠道

不管年龄、种族、地域或任何其他独立的因素，Google 的目的都旨在向用户提供用户所查询的信息。

Google 最初在一个国家（美国）建立，但是这并没有限制其全球性发展。多年来，这个原则是 Google 诸多（并不是所有）首创与创新中的一个驱动力。

Google 挑战自我，提供超越物理界限的普遍服务，并且将每个人都应该使用并享受网络（通过 Google），作为其最重要的立场。

Google 鼓励创造性

Google 是一个非常亲民的公司，如果你能打破传统的束缚，以创造性获得成功，那么 Google 会因此感到骄傲。事实上，Google 强烈反对诸多商业领域的条条框框，因为它们阻碍了商业的进步。你总是在办公室穿着正装，一味追求专业规范，或是认为只能在工作时间之外才能拥有快乐（或娱乐）的权利，而 Google 认为这些都是不合常理的。

Google 精神是很多公司都一直努力奉行的。以我个人的经验而言，我认为很多公司都应该为之奋斗。以下是支持 Google 创建文化的一些要素。

表 2.6 表明了在 Google 中创造性生活以及更具包容性的文化的要领。

表 2.6　Google 创造性生活的要领

谷歌生活	忽略不可能 人们创造文化 以创造性解决复杂性问题 智力与激情的多样性 "我行"的态度 做重要事情的动力 攻克最大的挑战 最深刻的数据 更大、更好和更聪明 创造你自己的事业道路 使复杂问题简单化 健康的思想、身体和心灵 做一个"有所不同"的人 不管工作角色，讲究交付速度

强大是一个很好的起点

Google 从未停止变强大的步伐。Google 通过设定不可实现的目标，鼓励团队拓展、成长和交付尚未存在的内容。不断打磨、改进与创新，Google 一直都在进步。当 Google 为大多数人做了不平凡的事情时，它却问自己：为什么不能为剩下的少部分人提供不平凡的内容？

实际上，其中的一个例子是 Google 对人工智能（AI）的进步所做出的贡献。毫无疑问，如果搜索者搜索他们所要寻找的内容，在 99% 的情况下，Google 都会给出搜索者所需要的内容。所以，Google 逻辑的下一步就是问自己："我们如何为那些不知道自己要查询什么内容的人服务？"答案是 AI。

通过了解查询背后所隐藏的情景以及持续查询时将出现的下一步，Google 能够教会它的机器人（机器）学习、推测、改善和预想。人工智能预测阶段的整合精神，支撑了 Google 永不停止的探求和为那些不知道自己需要什么的用户提供服务。

Google 与 SEO 的共存性

在本书的第一章中，我们对"什么是 SEO"与"为什么 SEO 有如此重要的意义"有了较多的了解。在为大多数基本商业需求服务的过程中，我们花了点时间了解 SEO 有多么重要的作用。我们看到了 SEO 的一些人文属性，并讨论免费在线结果的价值。

到目前为止，这一章的重点主要放在对 Google 的了解上，最主要的当然是其商业背后的精神。不管你对 Google 和 SEO 是否有透彻的了解，或是到现在为止，你的经历仅是基于从本书所读取的内容，你都已经注意到了 SEO 与 Google 之间一些相似的内容。

从目的到目标与抱负，Google 与 SEO 都有着很多的共性，并且这种共性关系的存在时间跟二者存在的时间一样长。所谓"共性"，描述了二者之间相互依存的关系。在下一个部分，将把 Google 宗旨作为比较要点，重点关注两者共性的可视点，以及从两者一致的目标和愿望中获得的共同利益。

关心终端用户的一切

在 Google 与 SEO 中，终端用户位于优先位置。在一定程度上，回报必定是创造的最初动力。我们放眼于在这个关系中获得的成功时，就会发现它们二者都是建立于用户价值之上的。

搜索就是一切

在这个关系领域，根本就没有任何冲突。SEO 与 Google 的主要功能在于提高可见性，二者的不同之处在于其公正性。使用 SEO 协助公司实现在线目标，而 Google 却只是单纯地想一直都获得最好的回报结果。这样，对于很多 SEO 策略而言，实现可见性收益的方法，会将两个实体带回到相结合的层面，为 SEO 提供最好的结果以及帮助 Google 找到最好的结果。

更快的就是更好的

不管使用网站进入的方法如何，尽可能快的交付速度（即首先发现结果，然后加载，最后交付给用户）是很重要的。Google 提供了改善移动与桌面地址速度的免费工具。通常，SEO 专业性作用的一个重要部分，在于确保这些工具被用户所理解、使用，并且在某些情况下不断完善设定的基准。

网站需要链接

Google 不断使用链接来定位新的内容。链接被用于大众的价值归因，是它们成就了算法质量评价。链接可以明确 Google 网站的具体位置（在其他信号中），鼓励授权从一个网站传递到另一个网站。这些链接都需要辅助 SEO 的成功。

当谈到 Google 链接时（尤其是想到操作链接惩罚与来自 Google 企鹅更新、链接场的历史属性以及增强 SEO 中人工价值的刷屏链接构建的消极算法影响），Google 并不总是与 SEO 保持合作关系，但是它们的共存性关系总是要求它们相互支持与合作。

这样，Google 被赋予了鉴别低质量内容、垃圾邮件与非所需（或非天然）链接的能力。在很大程度上，数以千计的 SEO 专家需要花数小时的时间审查网站，重新调整 Google 手动惩罚以及向 Google 提交拒收文件（见下文）。

可见性需要访问

在所有的情况下，优化的目的都是为了在任何时候、任何位置和任何设备上，都能看到访问内容、网页、网站。SEO 和 Google 必定要在这一领域进行合作，而 Google 通常都担任合作之旅的东道主，SEO 几乎总是持续推动这一旅程，起着重要的传播与促进作用。当 Google 发表关于搜索更新和更改的声明时，SEO 专家几乎总是首先确保将此消息进行广泛传播，并将策略优先应用到网站上。

为更大的利益而努力

SEO 和 Google 最终都有一个盈利的方式，这两个服务商都提供了更深层次的服务，包括在游离的竞争环境中，帮助人们得到捕捉搜索内容的机会（永远不会有完全不涉及现金的环境），从而确定和满足用户的搜索需求。你越是深入了解 SEO 和 Google 的功能，就越能为更大利益而轻松地辨别常见趋势。

总有下一个动作

信息的交互永不停息，创新或改进也是如此。你可能认为 SEO 必须创新才有成功的机会，无论是搜索引擎还是营销媒介，都存在竞争的层面。

创造性思考很重要

Google 和 SEO 在解决复杂和相互关联的问题时都有很多重叠的地方，其中有些与预期的用户需求相关，即积极地帮助人们找到正确的内容。由于 Google 算法和搜索器的需求持续增长，导致所需的解决方案也需要满足它们的增长需求。

做得更好是一个起点而不是终点

日益激烈的竞争环境和大量替代品的使用，几乎不可避免地要求我们所提供的服务必须比其他任何替代品都要更好，这是客观存在的事实。以前更多的服务集中在 SEO 提供的服务上，在全球范围内进行创新和改进，从而出现垄断现象。可见这种不断改进的方法，仍然适用于 Google。

SEO（Google）备忘录

这本书着重于分析搜索引擎优化背后的原因（或者"什么"背后的"为什么"）。其实这两份清单也并没有什么不同。根据 Google 提供的公开信息，在本备忘录中罗列的每个项目都在 SEO 的总结内。

在过去十年或更长时间内，网上都有 SEO 清单，但是当我们真正关注 SEO 清单的基础知识时，在搜索引擎优化最佳实践的支持下，这个参考来源是长期相关性的理想选择。这并不是 SEO 策略中要完成的具体项目的详尽 SEO 清单。相反，以 Google 核心优化内容为基础的这些内容，为搜索引擎提供长期的搜索收益奠定了基础。

表 2.7 提供了用于优化 Google 的基本清单。此清单中包括 SEO 的核心专业任务、预点击优化（标题标签和元描述）、网站架构、混合内容最大化、网页抓取和索引等内容。

表 2.7　Google 优化的 SEO 备忘录

Google 的 SEO 基础知识

　　该清单的这一部分重点讲支持 SEO 在 Google 中取得成功所需的基础知识。多年以来，这些领域一直保持着优化基础，今天仍然提供着独特的 SEO 价值。

　　● 标题标签。你想要在线浏览的每个页面上都有唯一的标题标签。该标题标签被添加到 HTML 页面的开头部分，准确地反映出包含在该网页中的内容。可以准确使用像素长度，将字符并入标题标签的受限空间。如果你将字符长度限制在 55 个字符或更少的字符，就应该能确保标题标签不会过长，并且它们会在搜索引擎结果页面中被全部显示。在多数情况下（注意：Google 可以选择替代数据显示在标题标签中），你提供的标题标签将会被添加在独立网页的 Google 搜索结果的免费广告中。

　　标题标签提示：在标题标签中插入关键词，将会有助于提升排名。关键术语越早被放在标题标签中，潜在重点与源于支持特定 SEO 的标题标签改进的价值就越大。

　　● 元描述。位于标题标签下方和构成你的免费广告的支持角色的补充信息，元描述为用户总结了页面（内容）以便其做出周全的选择。如标题标签所示，元描述在 Google 中的显示空间是有限的。另外，你可以使用像素长度，以便每个可用的像素都囊括元数据描述中的复件，如果使用 155 个字符或更少的字符，通常是创建元描述更为有效的方法。

　　元描述提示：确保元描述反映网站内容，以鼓励 Google 使用你提供的数据，而不是用从目标网页提取的替代信息。记住要加入号召性的用语，给用户一个"点此处"的理由。添加与页面主题相关联的元描述相关内容，如果你的元描述中的内容与用户搜索查询相匹配，那么可以对文本进行粗体标识，这有助于内容从有机搜索列表中的周边和竞争性广告中脱颖而出，还可以提高广告的点击量（点击率）。

续表　　　　　　表 2.7　Google 优化的 SEO 备忘录

构建你的网站

备忘录的这一部分着重于方便用户获取以及了解和搜索引擎有关的结构部件。根据这份清单所例的目的，这些项目一直在进行优化，并能在可预见的将来提供增值机会。

● URL。URL 提供了互联网上参考资源的网址。保持 URL 用户友好性，易于阅读和搜索，并使其描述 URL 中包含的内容，使得用户更容易理解，分享并最终点击你的内容，同时使得搜索引擎更加易于截取、分类以及显示内容。

URL 提示：删除 URL 中任何不需要的或过多的术语。避免使用除标准字母和数字字符集之外的任何字符。寻找在网址中最相关的主题或是网页主题，但是需要避免重复和关键词堆砌。

● 网站结构。网站信息的组织形式（简称"网站结构"）直接影响到用户以及搜索引擎获取信息的难易程度。在网站上放置内容的优先顺序，也为搜索引擎提供了直接信号，并且也决定了其怎样才能与网站进行适配，形成一个整体。易于访问且放在突出位置的内容，会比藏在多层次子文件或是单独的文件夹中（不可访问）的内容，从网站的主要搜寻单元中获得更高的排名。如果网站只针对于一套核心服务，那么添加一些完全不相关的内容，可能会使得该独立主题或焦点区域难以成功（注意：有很多方法可以纠正这一点），因为要纠正 Google 如何在网站的更广泛的图景中选择替代性主题，是一个较大的挑战。

网站结构提示：规划你的网站架构和浏览导航是极为重要的步骤之一，但不是创建搜索成功的最重要的步骤。想想人们如何参与你的网站并进行互动。最常见的用户搜索之旅始于网站的主页，这可能是理论化的增加用户搜索量之旅的良好开端。网站的每一层都需要进行具体的规划，并能反映内容

续表　　　　　　　　　表2.7　Google优化的SEO备忘录

的重要性和优先性。作为创建支持性网站结构的一般性提示，最重要的内容需要在网站排名上尽可能靠前（尽可能少地包含文件夹）。简而言之，内容越是亲近主页（根文件夹"/"），就越容易被访问并被列入排名列表。考虑内容的"流动"和它与外观之间的逻辑关系（在大多数情况下），以文本格式（或替代性文本）提供搜索导航，以便搜索引擎和用户（无论是JavaScript或Flash能力）可以一直访问搜索导航信息。

● 面包屑导航。面包屑可以被定义为用于描述产生最终结果的过程的信息链中的片段或链接。面包屑导航对于用户和搜索引擎而言，是查看从网站上的一个网页到根域（主页）的流程的视觉辅助，有助于用户访问网站层次结构中的任何步骤（通常是为了直接访问所需的其他特定主题信息，以便更全面地了解信息区域），并查看他们正在访问的网页上的内容在网站结构中的排名情况。

面包屑导航提示：面包屑导航可以帮助用户与所连接的内容进行互动，并支持最终结果（完成目标），能从他们搜索旅程的任何地方开始。使用面包屑有助于搜索引擎将更多的文本放在内容（单页焦点之外）中，并将信息与你网站上的其他内容层相联系，从而有助于正确地提供索引以及使用户更容易地获取网站。Google可以根据在搜索引擎结果页面中显示的面包屑组件来使用加密的面包屑导航。通常导航位于靠近屏幕顶端的主导航的垂直下方。（虽然没有规则要求你这样做，但是用户更有可能倾向这样的放置。）然而，有时候你可以看到导航位于页面底端。

● 网站地图。有两种类型的站点地图。一个是用户站点地图，它是你网站主页面的标准映射，通常是以反映主搜索导航网页的层次进行构造。还有一个是搜索引擎站点地图Sitemap（XML Sitemap）。两个站点地图的目的是协助定位内容。（请注意：用户站点地图和搜索引擎站点地图的拼写不同。）

续表 表 2.7 Google 优化的 SEO 备忘录

网站地图提示：当你为用户构建页面上的网站地图时，这通常可能是你最后一次将其重新引向他们正在寻找的网站，这无法通过传统的网站导航找到。用户站点地图包括通往你网站关键内容区域的链接，但它们也应主要为用户编写。如果你的网站上有用户使用得最多的关键内容，那么请确保其也包含在你的用户站点地图中。

XML Sitemap 提示：为搜索引擎（特别是 Google）创建，以查找你希望获取以及编入到你网站索引上的所有内容。Google 提供了 Sitemap 生成器工具，提交你的 Sitemap（并经常更新）以及用于测试 XML Sitemap 功能的支持性工具。你将 Sitemap 纳入网址的方式还可以为你的网站提供正确版本的网址（注意：如果你有多个可访问网页版本）的直接信号（请注意：它们可能并不总是选择遵循这些信号）。

一般网站地图提示：网站地图（用户和 XML 版本）需要保持更新。网站上有许多需要频繁更新的"好管家"，支持网站的常规性检查。当你向网站添加新内容时，这可能会反映在这两个版本的网站地图上，并且有许多在新内容创建后有助于你自动更新这一领域的 CMS 插件。重要的是，你可以访问并对任何插件进行完全控制。尽管你希望对网页的正确版本进行索引编入，但是只有一个版本能够进行索引编入，否则你可能会弄出很多需要修复的问题。

● 未找到搜寻网页（代码为 404）。在你的网站被使用的某个阶段，你的网站将会有一些受损页面。当你重新构建内容，删除旧页面或无效页面，或仅仅是（许多 CMS 都会有这种情况）更新或更改内容使用期限时，这些受损网页会被更新或更改。网页遗失或内容受损是很自然的事情，重要的是如何应急，并在发生时处理这种情况。网站应该有一个自定义的 404 页面。此页面的标题状态为 404 提供来自于服务器的消息，而该内容在指定的 URL 上无法访问。

续表　　　　　　　表 2.7　Google 优化的 SEO 备忘录

未找到搜寻网页提示：通过提供正确的标题状态代码，你可以防止不必要的内容对此网页产生影响——请记住，尽管该网页提供了搜索引擎的价值，但其主要功能依然是向用户提供帮助。应该将一个 404 网页视为在用户返回替换性搜索结果内容前，将其重新引向你网站的最终机会。404 网页可能会展示你喜爱的最相关和最成功的内容，用于转换和吸引用户。许多网站喜欢在404 页面上有所创新，并在中规中矩的风格之外展示更多的个性化内容。但是请记住，登录本网页的用户已经在搜索请求以及在其最初所搜索的内容之间设置了屏障，因此在大多数情况下，有效访问你网站上的核心网页和内容将是更好的选择。

提供优质的内容和服务

正如你对本书中讨论的一切所期望的那样，将用户需求置于服务和内容的前沿是势在必行的。服务于这一对 Google 和搜索原则有重要作用的需求的方式之一，是通过在这一领域或业绩方面的可见和理想的方法。这个清单上的大部分观点都非常具体。然而，诸如"质量"等通常对你的公司来说是独一无二的，因此，本节中的一些项目需要更多的创意性的执行方式。然而，与每个部分一样，你的 SEO 清单上的每个项目都已经包含了实用性进展的提示。

● 创建热词。你交付不同的新东西，为观众增添价值，或提供独特的主张或意见时，可能会激起关于你内容的呼声。人们可能会分享和聚合内容，并在论坛或其他外部网站上讨论，而且还很可能直接参与到内容中。你创建的热词越多，这个内容不仅越会获得成功，而且提升搜索排名的机会就越大。

创建热词提示：无论你的内容有多好，都需要人们在第一时间发现它。

续表　　　　　　　表2.7　Google优化的SEO备忘录

无论什么时候添加和创建新内容，都请确保你的网站具有支持内容成功的技术能力。网页需要快速加载，提供正确的搜索、用户主题和结构信号，以便（以及鼓励）人们能共享。

● 预期用户需求。有大量关于你的受众的数据：他们是谁，他们需要的是什么，他们的搜索行为趋势，季节和人口需求，搜索查询行为，移动和跨设备搜索需求等。所有这些信息都可以并且应该用于预测用户的需求，更重要的是要满足用户的需求。

预期用户需求提示：没有一种方法可以最高限度地提高用户需求，但是通过数据形成你在这方面的决策则需要作为重点。创意也起着很重要的作用。在这个搜索交付领域也可以使用许多系统的方法。可以考虑诸如混合内容类型以及所提供的信息的深度。这将提供垂直搜索带来的特定的收益（图像、视频、新闻、博客等）以及带来位于信息搜索和购买过程中的各个阶段的人群。除此之外，人们以不同的方式消化信息，因此应用更加多样化的内容类型将有助于服务更多的预期的（预想的）用户需求。

快速内容提示：由于内容对于SEO和成功至关重要，所以就网站与各方面的用户的互动而言，话题本身是非常广泛的。以下是一些关于创建具有实际意义的在线内容的简要提示。使用正确的拼写和语法。提供内容的结构，有助于人们有效地阅读它，暂且不管设备如何。如果用户想要深入了解这个主题，那么需要提供一个明确的主题焦点以及更多有深度的话题。提示用户接下来要做什么，而不是让他们自己弄清楚。确保所有用户、所有浏览器和设备都可以访问该内容。确保内容的创建是有目的的（并且该目的不应该是为了搜索引擎上的排名）。确保内容是独一无二的，并且具有透视性，还能为观众提供新的可消化的消息。

● 锚定文字。这是在链接中可点击的文本。锚文本为用户和搜索引擎提

续表　　　　　　　　表2.7　Google优化的SEO备忘录

供了有关链接目的地的信息。

　　锚定文字提示：描述性越强，锚定文本则越好。

　　试着避免过度使用诸如"阅读更多""点击此处"和其他通用的行动呼叫式短语。确保锚定文本是为用户而写的。尽管锚定文本是影响排名的一个因素，并且关键字在这个优化领域仍然很重要，但目标是为了让用户点击链接以及让搜索引擎了解链接的上下文和意义。简化锚定文本，并确保它在大多数情况下的唯一性。锚定文本不仅仅针对外部链接——它针对所有链接——而且在有效的优化锚定文本中有直接的价值（对于用户和搜索引擎都是如此）。

　　● 图像。所有特殊类型的内容都可能优于一般优化内容。

　　图像提示：图像应具有描述性的文件名称，因为这将有助于搜索引擎有效地理解和搜索内容，并可以提升排名。将所有图像存储在同一个文件夹可能是有用的，因为这简化了访问流程。保存更常见的图像文件类型，以便你能确信所有的浏览器类型都支持它们。确保所有图像都包含了Alt文本（即Alt属性）。

　　如果图像文件无法正确显示（被受损链接、不受支持的浏览器等影响），那么会显示Alt文本并提供屏幕图像阅读器和其他访问工具的说明。可以考虑近似于图像的周边内容以及其他页内主题项目，这些内容与题目都可以支持更好的图像索引和文本。拥有独立的图像XML Sitemap，就能支持更大的图像搜索值、更快的网页获取和索引等。

　　● 标题。标题标签（例如<h1><h2><h3>等）提供了内容结构——有六个级别的标题标签（h1—h6），其重要性从h1开始降低。通过CSS样式，它们使得内容更易于被消化，并能使用户更快地浏览内容。标题还为搜索引擎提供了有关页面主题的非常具体的信息以及网页内容的核心组件。

续表 表2.7 Google优化的SEO备忘录

标题提示：在大多数情况下（HTML5可能是例外），网页将具有单个h1标签。这便于确定主要主题或网页主题。具有深度内容的网页将具有多个支持性（子）标题。试想，如果网页只有标题，看起来会怎么样，图片是否会反映内容且让你对核心内容领域有所了解？如果没有，那么你就需要重新考虑如何使用标题以获得更有效的结果。

网站获取

这是由Google自动程序完成的动作。内容获取是为了找到新的内容并对其进行检索所需的初始操作，以便之后能显示与用户搜索相匹配的内容。

● robots.txt。robots.txt格式的文件是一个简单的文本文档，添加到你的域的根文件夹（例如testsite.com/robots.txt），使你可以为搜索引擎提供你不想被获取或是编入索引的内容[特定的网页、文件夹或是整个网站（在某些情况下是整个网站）]的说明。

robots.txt提示：大多数网站会包含对用户不可见的内容。这可能包括登录、私人网页、重复的内容、表单等。许多CMS还创建了你不希望被在线访问或升级的网页、过滤器和其他网站文件夹及内容。你还可以使用网页上的noindex和nofollow指令来让搜索引擎提供既不是为了追踪内容也不是为了把内容编入索引（或二者兼具）的网页信号。这个代码的示例（这种情况是为了令Google不追踪内容）是<meta name='robots'content='nofollow'>。rel='nofollow'。获取的部分也包括针对你的网站内容的外部内容。有了任何垃圾邮件链接、不需要的链接或不相关的链接锚点，你会希望将rel='nofollow'属性添加到链接中。这表明网页获取工具不是为了追踪链接、追踪内容或将价值传递（从链接网站的声誉）到其链接的相应内容。

rel='nofollow'提示：网站"好管家"的一个重要部分是常规性链接（特

续表 表 2.7 Google 优化的 SEO 备忘录

别是反向链接）评论。获取低质量的网站、不相关的目录、不相关的内容，还有处理不必要的链接都需要持续积极的关注。

移动优化

移动设备的发展以及在任何地方、任何时候、任何设备上都能访问查询内容，这就意味着该网站必须能在移动设备上使用。这就包括移动设备友好性、移动可用性等。

● 移动设备友好性。当使用移动设备访问你的网站时，无论屏幕尺寸或用户意图如何，要是网站的整体性能达到移动设备的高标准，那么网站就是具有移动设备友好性的。

移动设备友好性提示：Google 提供设备移动友好性的测试，可将其用于任何网址以查看使你的网站具有移动设备友好性（并可能在移动搜索结果中运行得更成功）所需的特定通道或失效内容更新。如果网站使用移动设备上可用的内容类型（即不使用 Flash），那么网站就是移动设备友好性的，具有可读性文本，无需放大，可以将内容大小调整为适合不同屏幕尺寸大小的，也无需用户操作，便于用户有效地点击内容。

● 网站速度。对于移动设备和桌面，网站速度直接影响着排名以及搜索引擎获取和检索内容的能力，并由最终用户实际读取。内容加载越快，那么通常来说，搜索速度就越快，但这是特别针对移动设备而言的。

网站速度提示：网站上有许多免费的工具，有助于提高网站速度，包括 Google 提供的网页速度工具——这些工具将为你提供网站范围和网页具体的实施项目，以提高网站速度。基于对用户的潜在的积极影响和总体速度表现，优先考虑移动设备操作是个好主意。网站更新速度总是以快取胜，这可能是增加价值并有助于在线成功的好方法。

为什么其他搜索引擎很重要

Google 可能占据你的总免费（或 SEO）网站流量的 65%、75%或 85%以上。这样一来，就要求我们把重点放在 Google 上，并把这作为一个与期望回报相关的关键搜索策略。每当提到搜索引擎优化时，人们都会有"现在就是 Google"和"我只需要 Google 一下"这样的想法，就不会对搜索引擎感到陌生，可以将 SEO 与 Google 相结合。

每个搜索引擎的目标，都是利用自身与其他搜索引擎的细微差别来服务于大众。就整体而言，如果将所有的重点都集中在一个搜索引擎上，可能是一个较为冒险的策略。虽然替换掉 Google 比较困难（特别是当英语搜索结果占主导地位时），但是当你发现网格惩罚模型或是否定算法阻碍了你的网站在 Google 上获得成功，你就会认为搜索引擎的多元化会对你有裨益。

例如，在市场份额方面，微软搜索引擎通常是 Google 的主要挑战者，在美国甚至比在英国更严峻。必应在主页载入中以它引人注目的背景图像而出名，而且还提供了一种把通过 www.bingiton.com 发布的结果与 Google 发布的结果进行比较的方式。

雅虎经常被视为更加注重新闻和媒体垂直搜索结果的提供商。雅虎搜索引擎直接提供了许多其他支持性工具和用户选项，让人们觉得它不仅仅是一个搜索引擎，还是一个工具包。当你考虑受解决方案驱动的搜索潜力时，在传统的 SERP 营销模式之外，雅虎的答案是产生特定搜索收益的绝佳选择。

YouTube（尽管由 Google 拥有）让你有了单独搜索视频的机会。

视频内容对于解决问题和"如何"输入搜索结果是非常有用的。视频制作的速度和混合内容类型的价值（以及与传统文本内容相比而言，不同的目标受众），提供了许多可以扩展搜索引擎结果网页的机会。

像亚马逊这样的产品，根据在线电子商务巨头的优势，搜索引擎使在线商店有了实质的存在性。搜索引擎针对更多接近信息搜索与购买行为的最后阶段的搜索者，因为搜索引擎的目标是这些产品，这些搜索者旨在将产品搜索查询与产品供应商进行匹配。

微博搜索引擎（Twitter 在这一领域处于领先地位）通过独特的框架，提供了人群、品牌、新闻媒体等之间的趋势、覆盖面、参与度和快速互动的机会以及 Google 模式，从而吸引了外界的观众。

Ask（前身为 Ask Jeeves）基于提出问题并以"Jeeves"答复，要求提供与之相关范围内更个性化的答案。提供的答案范围和发现信息查询之旅的补充选项，针对营销、深度主题和直接问答的内容交付，使 Ask 成为可行性选择。

关键术语

1.Googleplex

这是 Google 总部的名称。

2.Ethos

奠定公司文化基础的特点，反映了 Google 社区的改进精神——信仰、态度、践行和用于定义商业的文化。

3.Manifesto

传统意义上与政党或是个人相联系。在本文中，它与具有公共可用性以及公司的政策、目标和远大志向方面的信息相关。

4.Google 涂鸦

这是可以直接从 Google 网 www.google.com/doodles 上使用的 Google 涂鸦。Google 的这些有趣且具有很强互动性的搜索结果页面，反映了广告（免费与付费）带给用户的实际干扰，同时还向最终用户提供了超出查询解决方案本身的价值。第一个 Google 涂鸦出现在 1998 年，当时 Google 的创始人拉里（Larry）和谢尔盖（Sergey）想邀请用户出席在内华达举行的"火人节"。之后，他们参与了从月球事件到宗教节日的一切活动。

5.Knowledge Graph（知识图谱）

2012 年，Google 发布了 Knowledge Graph。这次更新所显示的 Google 搜索结果，其目的在于向用户提供与他们最初的搜索查询相关的直接（预点击）信息。Knowledge Graph 的初衷在于展示地点、人群和实体之间的联系。比如，如果你在 Google 中输入"著名的足球明星""英国""托特纳姆（Tottenham）前锋""哈里·凯恩"（Harry Kane），Knowledge Graph 会向你提供从维基百科上获取的关于"哈里·凯恩"（Harry Kane）的最新信息（更新至 2015 年 10 月 31 日），他最近参加足球比赛的照片，他的社交媒体资料、身高、体重、出生日期（以及其他很多公开的个人信息），还有那些与他相关的其他足球运动员。

6.Carousel（旋转木马）

2013 年，Google 为很多搜索领域的本地列表提供了备选、展示风格（排名在前面的搜索结果轮播风格），包括酒店和外卖这样的消遣性查询。当搜索包中的本地列表数量超过 5 个时，Carousel 就会替换掉传统的垂直搜索列表（即本地包）。本地列表（横向而非纵向）交付的潜在利益，在于降低非本地包（点击通过率总会呈垂直下降趋势）潜在的消极影响。Carousel 功能对本地包结果的另一潜在益处，是更深层结果交付的 SERP 剩余部分的多样性以及返回信息的多样性（有时候超过本地优势）。

7. 本地包

传统意义上，Google 已经显示了大量的本地包结果，从七个一组的结果（带有超过文本结果的 Google 地图）开始，根据带有"阅读更多内容"功能的结果包而变化，以便点击查看额外的本地结果。当人们搜索与位置（例如外出聚餐、酒店或是其他服务）相关的信息时，假定位置的相关性会成为决定用户情景与目的的关键因素。

8.Democratic

传统意义上与管理形式相关，在以下这种情景中，这一概念与这种观念相关：通过 Google 搜索算法中的用户投票（以选择连接至外部内容的形式），构成了良好的网络社区，并使搜索结果得以呈现。

9.Algorithm（算法）

主要与计算机相关，算法是一个特定的过程和一组指导性的规则，需要在不做任何更改的情况下被遵守，从而提供解决问题的方法。

10.Universal（万向的）

具有完全的包容性，适用于每一个人。指的是清除掉任何排除在外的或是特殊的情况。

11.Geolocation（地理位置）

本章在对术语的预使用中，地理位置指的是人、设备以及实体的实际位置。

12.Demographic（人口统计学）

我们在此将其视为包括片段化类型的一种方式。人口统计学与对特别类型的信息如年龄、性别和国籍等内容的研究有关。

13.Artificial Intelligence（人工智能）

为了机器起到某些作用，需要机器承担某些责任与工作学习的能力。

14.Symbiosis（共性）

两个具有共同独立性的个体共同工作（生活）的过程。

15.Google Penguin(Google 企鹅)

使用于 Google 搜索引擎结果页面，以便访问专注于链接文件的网站的积极或消极价值的过滤器。低质量链接文件（垃圾邮件，非自然或是过于消极的内容）可能被 Google 企鹅视为是有问题的文件，以及对独立网页部分或是整个网站的在线执行（即在那个网站最重要的可见区域的排名很高）能力都有不良（也有报道是积极的）影响。

16.Disavow file（拒收文件）

大部分针对网站的链接都不在网站所有者（管理员）的控制之内（即他们在外部网站上所链接的网站无法访问），有必要将任何相关的内容从网站清除掉，特别是要完成网站清理或是清除掉算法的不良影响或是手动链接惩罚。

关键点

● Google 引领着全球搜索。最近，Google 的市场股份是其美国的竞争者的三倍之多。

● Google 的宣言——"我们知道的十件正确的事"与搜索引擎成功有着直接的关联。

● 从目的到目标，Google 与 SEO 用于带动搜索的策略有很多的共性。

● 了解 Google，可以建立 Google（SEO）检查列表。这些一直都是持续的优化区，并在可预见的未来形成 Google 核心搜索策略。

● 虽然 Google 搜索具有优势，但也有很多可替代 Google 的搜索引擎，并且它们都对你的 SEO 结果有价值。

备注

1.comScore qSearch (2015) 'comScorereleases March 2015 US desktop search engine rankings' [Online],https://www.comscore.com/Insights/Market-

Rankings/comScore-Releases-March-2015-US-Desktop-Search-Engine-Rankings
（最后访问于 2015 年 10 月 28 日）

2.Google Company (2015)＇Ten things we know to be true＇[Online],https://
www.google.co.uk/about/company/philosophy/（最后访问于 2015 年 10 月 28 日）

3.Google (2010)＇Search Engine Optimization Starter Guide＇[Online],
http://static.googleusercontent.com/media/www.google.com/en//webmasters/docs/
search-engine-optimization-starter-guide.pdf（最后访问于 2015 年 11 月 09 日）

第三章

流程驱动型搜索引擎

优化的限制和问题的价值

学习成果

本章中，在谈及搜索引擎优化、实施搜索策略以及充分利用在线结果时，我们也会介绍严格操作流程的局限性。阅读本章后，你可以更好地了解到以下方面：

- 了解流程驱动型 SEO 的限制
- 了解、实施自然搜索营销
- 确定、扩大和执行机会

SEO 交付的每一种方式，都会有一些形式上的流程。在 SEO 策略中包含一个进程元素，是没有任何问题的。事实上，如果没有明确的框架和支持程序，策略成功将会是一次性的，任何失败都是不可避免的，每个项目都容易出现服务上的差距。进程有助于减轻不一致性、支持战略交付。这可能会让我们提出这样的问题：受流程驱动的 SEO 究竟有什么问题？一个过程不应该规定提供服务的方式。从本质上来说，过程是孤立的。为了重复预期的结果，还会依赖于一系列重复性的操作。无论一个过程看起来有多么完美，它都是无法达到预期的结果。SEO 在包含诸多"已知"内容的同时，还有无数的难以预料的变化，这就需要灵活性、适应性和创造力的变通。

了解流程驱动型 SEO 的限制

什么是典型的流程

在研究一个流程的约束条件之前，尤为重要的是要明白创建交付 SEO 的固定流程。然后，看一下这个流程中吸引人的地方，并讨论这样做的局限性。

图 3.1　搜索引擎优化的流程

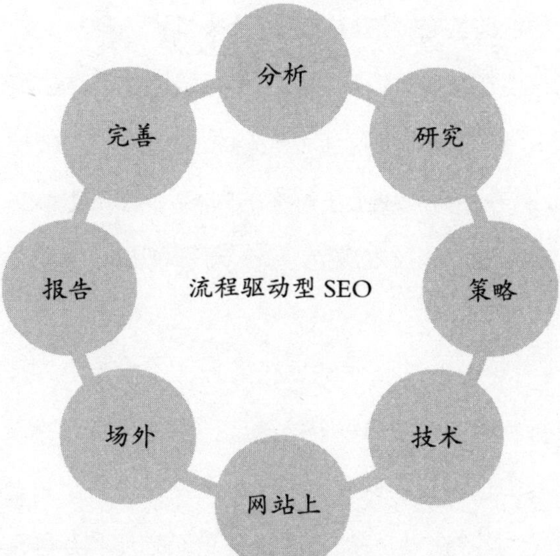

- 分析。分析可能是 SEO 项目的逻辑起点。在这个环节中应该充分考虑目前的情况。在这个阶段，对每一个适用的关键性能指标（KPI）都要有个基本的定位，并设定基本的目的、目标和可交付物。分析需要具有全面性，因为它确定了场景，决定了期望值并能促进研究。就成功搜索而言，你不仅要分析网站当前的性能，还要分析网站的本身、竞争、外部环境、网站的历史性能等诸多因素。

- 研究。你通过数据和情景分析，将注意到优势、劣势、机会和威胁（传统的 SWOT 分析），这些都需要进一步地研究、分析直至得出最终的策略。

- 策略。从定义上来说，策略是为实现目标而制定的计划。因此，每一个策略（无论是短期的微观策略，还是长期的宏观策略，或是介于二者之间的任何策略）都旨在达成一个目标，虽然 SEO 有一些明确的服务目标，但在某些方面，客户的目标始终是较为独特的。

- 技术。技术 SEO 实际上是指网站的有效性，使搜索引擎能够发现、获取，并在一定程度上了解你的内容（网页或网站），包括代码、网站结构、网站速度和技术支持等。对于任何 SEO 策略而言，没有技术焦点都是比较奇怪的。

- 网站上。现场 SEO 非常重视内容。在内容上，是指与个人或搜索引擎进行互动的网站的每个接触点。现场 SEO 包括位于域本身的每个项目，其中也包括了域名。现场是指网站上的项目，它们即使在外部也是可见的。有个很好的例子，就是元描述和标题标签，这两者都是在现场进行控制的（通常通过 CMS 或传统的 FTP），但在场外也是可见的。

- 场外。搜索引擎的成功在很大程度上依赖于现场和场外网站信号的结合。在传统意义上，场外 SEO 是由链接所主导的，但社会公关、引用、品牌价值等，都不在实体网站的控制范围之内，这有助于获得外部授权和成功的累积性搜索。

- 报告。搜索策略的报告对于识别所取得的进展、所采取的方法间的差距、更重要的目标性成果以及所需的下一步操作是很有必要的。报告的结构虽然会有所不同，但项目重点的覆盖面、目的和目标相关的关键指标，为维持所开展的项目的进展、交付潜在收益而完成的操作所采取的措施是很有用的。

- 完善。你不应该在交付 SEO 时使用单点策略。你完成的每个操作都提供了新的数据集和信息，可以直接影响你所执行的下一个操作。如果你不能将这些不断变化的信息用于得到更大的收益，那么会在很大程度上影响你的搜索营销活动的效果。

受流程驱动的 SEO 的限制

我们在上一部分中所讨论的流程，使你能够分析情况、研究市场、制定初始战略和应用一些关键的 SEO 策略，并重新设计你的方案。

这是非常合乎逻辑的，你想把明确的参考点用来改进和应用于在线策略，或者你正在寻找一种与使用 SEO 一致的方法时，那么遵循这样的流程就是没有问题的。但是，这个或任何其他流程还有一些限制，并且在开始流程驱动的 SEO 之前，你必须认识到这一点也是很重要的。

- 相关联的方法。在前一部分的讨论中，当你遵循一个周期性的过程时，你会忽略所有可能对搜索策略和性能产生巨大影响的其他内容。对于其他流程驱动的策略也是如此。SEO 行业变化的速度加上大部分商业领域的变化速度，以及不断提高的用户需求（特别是在线），都意味着可能忽略策略之外的机会，这将是一个冒险的做法。

- 遵循而不引领。当你决定采取一套既定的方法时，不管策略有多完善，你都会选择解决掉这个策略的局限性。想想我们在第二章中讨论过的 Google 原则以及从不断创新和完善中获得的成功，如果需要通过繁琐的流程，那这种成功永远是不可实现的。

- 激发创造力。想想你认识的非常有创造力的人，在这些人中，有多少人对他们的工作方式或工作环境有过周密的思考和精心安排？花点时间想想你从小就记得的最好的数字营销活动，并尝试着让自己突破思考、启动策略的思维过程。对于许多重要的搜索和数字营销而言，你需要掌握专业知识的基本要领，需要合适的人员，而且你需要创建一个人们能够在不顾及现有流程的情况下能够发挥想象的安全环境。过度依赖结构是影响创造性成功的非常大的限制之一，所以应该避免。

- 对影响的反应。由于流程繁琐的 SEO 着重于已知流程的彻底交付，因此大部分注意力和流程本身与过程的准确实施有关。虽然这提供了多次查询的方法，但它并不允许主动创建积极的影响或消除潜在的负面影响。竞争对手也不会暂停他们推出新的创新产品系列的步伐，让你得以完成自己的场外策略。这些只是几个关于如何对影响做出反应的例子，将成为影响接下来的流程的负面因素。

- 专家希望有所影响。通常来说，SEO 行业的专业知识水平和数字环境都是惊人的。工作中最令人满意的部分，就是能够产生积极的影响。有人花了许多年的时间对这个行业做更深的了解，他们从独特的环境和经验中培养了超出创建过程的技能，不管这个过程有多么复杂或有多么高的人气，直觉都不应该成为决策的基础。但文化、观念、创意、解释、经验、测试和创新等，应该成为搜索引擎优化的核心基准。

- 自满心理对结果是不利的。如果你问一个关于决策背后的逻辑性问题，且答案是"我们一直这样做"，那么你很可能在一个受流程驱动的文化氛围中工作，并且还可能需要反思方法背后的真实逻辑。如果有人在某个阶段（有人知道多久以前，或者那样做的原因是什么）做了某件事，且将其加入整个过程中，那么这件事就不应该导致人们为了不确定的未来而盲目尊重这个过程。有时人们在起始阶段解决问题时，就无意识地培育了一种支持自满的文化。但在竞争日益激烈的搜索环境中，这是不允许的。

- 规避风险会降低坚固性。在日常生活中的诸多领域，避免风险似乎非常自然，有时也绝对有必要。然而，从商业角度来看，有时必须承担有计划的风险，否则你的效率就可能会变得低下。实验、尝试新思路和挑战规范，对于一个规模强大的、创新的和行业领先的服务业而言，都是先决条件。

了解和实施自然搜索营销

要想实施有效的、可重复的以及最佳的自然搜索引擎营销（SEM），需要人们深入地对自然搜索加以理解。你可以通过基本的编码、CMS 知识以及某种形式的 SEO 指导，尝试着交付 SEO，这与任何形式的专家型服务交付一样。但浪费资源和搜索时的网站性能非常容易产生不良影响，而不是产生积极的效果。多年以来，为了持续的结果（即表现的持久性）而不断地努力，随之而来的挑战也会变得越来越大。

在本书之前的章节中，你会碰到"是什么背后的为什么"这个表达。现在我们会更详细地讨论这一点。在浏览一些很成功的 SEO 策略和实施领域时，对于长期的 SEO 成果，我们会明白：为什么更深层次的理解是必不可少的。下面列举几个例子来加强你对这个原则的理解。

创建行业领先的内容

如果你在一个平稳和有中低竞争力的在线市场上竞争，只是依靠好的内容是不够的。内容必须被大大地改善，你可以在网上寻找最好的竞争例子。随着新的网站进入，在很多时候，几乎所有的领域都需要支持公司的差异化。为此要多与公司取得联系，努力做好社会公关。

内容需要具有清晰、可识别的价值，不仅与你正在寻找的最终目标相关，还需要包括你当前和未来的目标受众群的最全面、最多样化的需求。

微调你的网站

大部分的 SEO 策略接触点将出现在你的网站上，并与你的网站进行互动。一个高效的网站需要不断地监测、应对变化。该网站是可用的（没有遇到停机时间），也就是说在一年 365 天的任何一天、一周 7 天的任何一天或是一天 24 小时的任何时间，都可以随时被使用。网站需要在每个设备、每个地方都可以被访问，并从搜索结果的第一次点击到之后的每次互动，都需要对用户提供无缝链接体验。

像汽车一样，网站需要频繁地保养、更换零件、改进性能，有时需要大修，甚至更换。经常使用汽车的人，其需求会改变，从而决定修理或更换汽车，网站往往也是这样的。

出色地完成最基本的内容

从这个意义上说，"基础"是应该做到位的特殊操作，应该经常审查，并出现在几乎每一个 SEO 活动中。当发生变化（把新内容添加到网站，网站域名变化等）时，这些基本任务需要被完整地审查和更新。关于基础的几个例子：对一个页面进行主题化，以便其具有独特的主题；确保内容具有有效的结构；创建一个优化的网站结构；遵守 Google 指南；创建内容层次结构；使内容易于分享和消化。

扩大你的搜索范围

在交付结果方面，许多 SEO 项目的效果不如预期，这很大程度上取决于它们有限的范围。虽然有明确的目标和期望的最终结果，这一点很重要，但这不应该限制大胆思考和具有目标的需求。使用关键词，就是非常明显的限制性方式之一。从历史上看，SEO 行业非常关注单个的关键字。每个网站都有一套明确的常用术语，在很大程度上，服务的成功与使这些单个的术语（小的术语群）在搜索引擎结果页面上排名靠前有关。如果你把注意力集中在 20 个或 30 个关键词上，就会错过其他数以千计的关键词。这些关键词限制存在于 SEO 交付的许多领域，这些领域则是你可以拓展视野的领域。

提供良好的体验

因为经验是主观的或个人的，为此获得正确的用户体验并不是一次性的，需要大量的分割测试和持续的数据分析工作来鼓励持续性的改进。随着设备的变化、技术的革新和期望的提高，你会发现用户的需求体验也在不断改善。至此，你会很惊讶地发现一个网站的有效使用寿命会超过 24 个月（假设从一次彻底的检查开始），并能提供任何接近其潜力的用户体验。

建立关系

如果没有链接信号，搜索引擎就无法工作。有很多类型的数字化关系，其中大多数包括以一种或其他形式进行链接。链接有助于搜索引擎发现、获取索引内容，还提供了从一个网站到另一个网站的权限的外部信任投票。一个链接可以包含在一个单独的域中，并指向许多其他的外部域。链接可能会对网站性能产生积极的影响，也可能因侵犯 Google 的指导方针导致网站被处罚。成功的数字关系提供了性能

提升之外的价值，并且对关系双方各自（以及更广泛的搜索行业）的
受众人群有积极的影响。

识别、放大和实施机会

绝大多数的搜索机会都没有被利用。这是一个尚未被开发的领域，
它能使专家型的网站搜索营销人员的交付收益倍增，并不断地为网站、
用户和搜索引擎优化提供改进的方案。当你发现这个机会时，你需要
将其放大并有效地实施，以得到最佳的结果。

图 3.2　搜索数据中探索机会的识别树

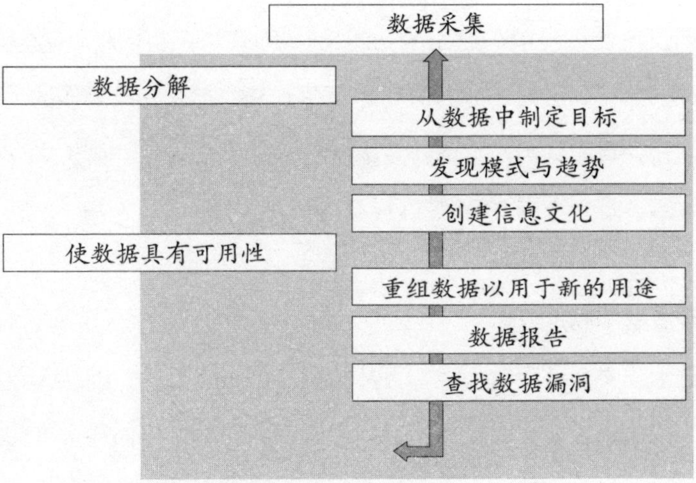

数据采集

搜索机会的第一阶段是数据整理。许多公司都拥有大量随手可用的数据集，如果将这些数据导入可管理的数据库，就会使识别、扩大和实施机会变得更为有效。倘若你的数据集越全面，就越能从中获得更多的价值。在这一点上，数据可能会变得难以管理（通常是由于人们可以访问的数据量造成的），那么在这个阶段你就应该开始分解你的数据。

数据分解

收集数据将有助于发现新的机会、切实可行的洞察力（通过对机会更多的了解）以及更多已有的信息（扩大化）。在这个阶段中，你可以考虑哪些数据提供了最原始的价值，哪些数据（或数据库）包含更深层的元素，可以让人更清晰地发现隐藏的机会。在机会分解时，数据不仅仅注重当前的返回值，还反映出现实生活中的大多数机会，只有在机会得到更好的分解时它才可用。从数据中完成操作的大部分用户，只会意识到与他们的特定需求相关的浅显价值。而扩大这样的浅显价值，是一个重要的数据目标。

从数据中制定目标

对于很多大型项目而言，目标的确定是很重要的，能从大数据中获得价值的最大值。很多数据目标都跟商务目标（例如从采集的数据中得到的转换）相关，也会有许多间接的或非商业的数据目标。正如你所期望的那样，数据目标的差别也非常大。但有个共同的数据目标是提高使用这些数据的人的效率。例如，如果一个团队需要15个小时才能建立和发送定期的营销沟通信息，那么分解数据和使用数据自动化，可能会比之前的手动数据操作节省14个小时的时间。另一个数据目标可能包括提高所使用的数据的有效性，在这种情况下，从发送的任何营销通信中，获得更多的回复也可以是其他电子邮件营销关键绩效的指标（KPI），其中包括提高开放率。

发现模式与趋势

你会惊讶地发现，只要你创建一组更全面的数据，你和你的团队就将很快地开始探索新的模式和趋势。一旦你分解了信息，就有利于你更容易地使用数据，并带来之前可能被深藏的机会。如果要发现趋势，你就需要积极地寻找它们。停止对任何数据的单个价值或结果的关注，并开始考虑数据不能提供的内容的重要性。从广义上而言，这种文化可以革新你的数据组；从狭义上而言，可以促进你的商业活动的开展。

创建信息文化

并不是每个使用数据的人都需要传统的数据科学或网站分析技能。事实上，让不同的人与数据进行交互，就可能从数据中获得更多的价值。信息文化就是人们对数据的处理、对数据目标的理解和对当前数据限制的不满足。

使数据具有可用性

数据具有内在的价值，如果对不同的使用者群体，信息的定位不适合，那么从信息中获得的收益就非常有局限性。被希望使用这些数据的绝大多数人，都不需要知道数据的来源，也不需要知道数据在到达他们手上之前经历过的所有阶段。但是，如果你决定提供数据，那么在数据变得对最终用户有用之前，就需要将最终用户必须获得的任何内容最小化。

重组数据以用于新的用途

你向用户展示数据时，就会向他们展示一个非常清晰（有意地限制）的总的数据视图，包括他们如何使用它来提供机会（识别、放大和实施）。不同的数据视图解决了数据过多的问题，也避免了时间的浪费，从而使得数据变得有用，为数据的重组提供了机会。成功地使数据具有可用性并构建信息文化，对于用户为了新的用途而重组信息而言，是一个非常了不起的成果。

数据报告

数据的最终结果，需要包括某种形式的报告。无论是对内部还是外部，报告都确认了数据是有效的。在实现目标设置方面，数据所取得的成功进一步说明了数据的发展历程。你永远不会拥有完整的数据集，但是你可以继续完善数据，并报告数据交付的成功。报告是继续维护扩大数据和扩大数据的累积价值的必要步骤。

查找数据漏洞

再次开始整理数据之前，必须找出数据中的缺口。其中一个很重要的方面是我们必须建立数据文化和重新组合数据以用于新的用途。

关键术语

1. 微观策略

按照本章的意思，微观策略是朝着更广泛的战略性成就迈出的必要的一步。例如，如果你是一家招聘公司，你的总体策略（或宏观策略）侧重于注册购买你的服务的人群，那么微观策略可能就包括完成步骤的策略，如完成简历、提交个人信息和设置个人信息页。

2. 宏观策略

这是实现你最终目标的更广泛的策略。在前面的例子中，这可能是微观策略的集合，除此之外，还可能包含需要让人们注册购买你的服务的任何内容。

3.SEO 技术

这直接关系到搜索引擎优化策略，用于完善搜索引擎的发现、获取和检索，甚至在某种程度上理解你的内容（网页或网站）的能力。

4. 元描述

显示在搜索引擎结果页面的内容的简明扼要的 HTML 属性。

通过元描述，希望使搜索引擎的首选内容作为你在线广告的一部分。

5.标题标签

HTML 页面所必需的一个要素，标题标签定义了与其相关的内容标题（HTML 文档）。标题标签位于元描述之前，一般出现在搜索引擎结果页面中，可以成为你的搜索广告的标题。

6.FTP（文件传输协议）

描述电脑文件通过互联网从一台主机传输至另一台主机的术语。

关键点

● 每一种 SEO 传递方式都会有某种形式的过程。在 SEO 策略中包含一个过程要素是没错的。而事实上，如果没有一个清晰的框架和支持流程，你的成功将是不可重复的。

● 流程不应该限定提供服务的方法。从本质上来说，进程是孤立的，它并不依赖于一系列重复的操作来取得重复和预期的结果。

● 实施有效的、可重复的和最佳的自然搜索引擎营销（SEM），需要深入的了解。

● 绝大多数的搜索机会都没有被利用，这算是一个尚未被开发的领域，它能使专家型的网站搜索营销人员的交付收益倍增，并不断为网站、用户和搜索引擎优化提供改进方案。

第四章

以搜索波纹支撑
长久性发展

学习成果

本章将讨论 SEO 交付的更长期和更短期的方法，并介绍搜索波纹的特有理论。把波纹理论提供给你，以便你用于自己创造的 SEO 策略中。一旦读完本章，你对以下内容就会有更好的理解：

- 搜索中的长期 VS 短期心态
- 波纹是什么以及介绍新的搜索波纹理论
- 为你今后的搜索策略创建波纹的实例

长期心态 VS 短期心态

在完成任何初始 SEO 策略时，标题反映了很多人都会面临的两难选择。SEO 专家最初通常需要克服的挑战之一，是在搜索引擎优化的长期与短期方法之间找到正确的平衡点。这通常不会是二选一的选择题，而是在一定程度上找到将二者相结合的综合法。

长期心态

在之前的章节中，我们已经讨论了搜索中的一些基本要素，并且很多内容都有潜在的价值，它们在被运用时也没有任何变化。其中很多基本要素都与 SEO 交付的更长期方法有关。当我们专注于更长期的策略时，内含标准包括了对获得性策略的多方实用，并将策略性实用延伸至更长期限。

　　鉴于本章的基本原理，长期指的是超过六个月的搜索引擎营销策略，但是时长也会根据情况而不同。

图 4.1　长期心态策略时间轴（第 1 天至第 n 天）

网站——建立与维护	内容——使用与搜索服务	用户——互动与价值	定位——建立与拓展	搜索——完成与机会	垂直——确定与最大化	网络——站内与站外链接

1. 建立与维护一种提供快速、有效和多元设备体验的网站

　　数字化的成功是从你的网站、支撑用户与满足搜索需求的能力开始。这个长期的策略包括网站维护、技术创新升级和用户对搜索网站体验的不断变化的需求。网站结构、体系结构、内容细分、主要的支撑性导航、网站速度、移动友好性、网站编码获取和索引效率等内容，最初都应作为持续性网站性能改善战略的一部分，网站可能是这方面的起点。但是，很多网站都需要初始与持续性服务作为源使用的最低期待，以便更长期限地支持优化价值。

2. 创建数据驱动，针对用户的思维导向性编写内容，脑海中必须要有 SEO

当你建立一个功能性和技术支持性（正如之前提到的）的网站时，下一个步骤就是确保用户和搜索引擎能明白网站上的内容。这个步骤对索引有着明确的意义，并且对于从内容中获取的授权和排名的贡献也是如此。有特色的网页可分为多个部分，主要部分如下：

- **主要内容。**网页上的主体内容，可能是热门话题和网页目的本身。通常，很多混合内容类型被结合到一起，这是对用户和网页目的的搜索引擎发出的主信号，也是传递的具有深度的价值。

- **二级内容。**可能在执行上会有不同，但是作为一般性功能，二级内容或是补充性内容，可用于支持网页提供的体验。这可能包括导航功能、专业性内容、拓展性内容（如出现在 onclick 上的内容）、分页式内容和其他（需要完全预览）隐藏性的可替换内容。二级内容是用户能访问的主要主题或话题的附加信息。这通常需要用户搜索滚屏操作网页，打开导航或是扩大"点击"内容条目。

- **行动内容。**这种类型的内容几乎总是对网页交付的主要信息的补充，可能包括广告和用户目标完成的阶段性进度。顾名思义，行动内容往往侧重于所需的微观或宏观用户互动和内容参与。举个例子，联属营销网站具有基于广告行为的相当有优势的内容。

- **行动呼吁（CTA）。**行动呼吁直接指示网站访客完成下一步操作。行动呼吁可以推动用户进程，提高点击率 [即完成行动的人数（在大多数情况下，涉及某些阶段的点击率）]，可以帮助你从登录你的网页的用户那里获取价值。行动呼吁的一个例子，就是要求用户"点击此处获取更多信息""现在阅读报告"或者说些更间接的内容，例如"了解更多信息"。

在这个阶段，考虑创建内容所需的一些因素是很有用的，我已经在下面列出了几个例子。这些提示和建议都是针对行动点的，但不要把自己局限在这些内容中，因为还有更多的可能性。

- 确保把更好的内容添加到了你的网站，可以找最好的例子。但是这似乎是无法实现的，不过这也算得上是一个不错的愿望。

- 内容的深度很重要。复杂的行业、主题、产品和服务都要求有启发和教育意义。1 ~ 3000 字的内容是对核心信息网页的深度和价值的一个很好的衡量标准。有时"更多"是真正的很多。

- 有很多重要的可用的垂直搜索（新闻、博客、视频、地图等），也可以为搜索者服务。如果只是提供有限的内容类型，那么你的网站迟早会被淘汰。

- 人们以不同的方式对内容进行消化，如果你传递的信息具有真正的可访问性，那么你需要提供其他的访问内容和消化选项。

- 内容应为用户编写，交付给用户，还应该针对对搜索引擎的理解和价值应用来进行架构。内容可以有效地编码，以支持最大的搜索潜力，而不会对用户体验或享受造成任何损害。

- 如果内容具有真正的目的，就不应该隐藏。当然，也有例外的情况，内容的关键点在于被发现、阅读、分享和享受。为了搜索收益而隐藏内容，不可能是能获得长期成功的 SEO 策略。

- 所有消费信息都是必须可以访问的，不管使用什么技术，或者受制于使用者的语言、地理位置、知识水平、身体障碍。

- 添加到网站的任何信息，不仅需要保持准确性，还应该是最新的、能反映任何行业性的变化的。对内容重新进行有效的定位，是内容和网站维护的重要组成部分。

- 内容类型需要额外的关注。例如，我们希望新闻内容具有相关性、频繁性、时效性和准确性，希望博客文章有作者、观点和创作原因（所有的内容实际上都有"存在"的原因）。博客内容也应该易于分享、评论和交互。

- 所有的内容都必须是唯一的，而不能从其他地方复制或者窃取。

- 质量也是至关重要的。拼写、语法、准确性、专业知识等，都对质量有着重要影响。

- 你的内容需要起到回答问题、解决问题、教育观众、强化用户的意识的作用，并能鼓励用户进行分享。

3. 鼓励用户交互、反馈、生成内容，并促进社会共享（联合）

内容质量信号涵盖了无数的指标，包括用户在页面上花费足够长的时间阅读内容，查看网站上的其他网页的人和内容进行交互，并能通过分享和谈论内容来表达他们对内容的满意度。鼓励用户采取行动的关键，是尽可能地使互动和参与简单化。

4. 保持最大化、局部壮大与扩张，但是决不能受位置优化的限制

大多数网站可以更多地利用位置，作为长期战略的一部分。位

置不限于具体的地址，但可以受到它们的支持。本地增长可以包括你的业务网络和外部交互，除了当前实际的位置以外，很有指导性意义。

下面以本地 C 公司的发展为例来说明。C 公司是位于英国南部的一个业务单位。它的在线销售产品，直接在其营业场进行销售。通过在线（在这种情况下，是指他们的网站）与离线的协调（通常来说，行动并不和他们的网站或互联网有直接的关系），他们可以最高限度地利用位置进行业务扩展。在这个例子中，C 公司在其线下营销（海报、小册子、名片、文具等）中增加了网站地址，开始为公司带来了直接流量和访问网站的品牌流量。该公司将其完整的地址、营业时间、重要营销区域所在方向和不同的交通路线（汽车、巴士、火车路线等），都添加在其网站上。这有助于推动业务的新发展，并帮助 Google 认识到业务与某些基于位置的搜索和搜索行为（例如人们使用移动设备在他们所在地点附近搜索该产品）是有联系的。随着业务的发展，新的位置内容、基于位置的供应商关系、定位客户评论和在线地图列表被添加到了网站上。现在，用户通过搜索引擎可以看到因添加位置所带来的价值（所增加的位置值）和大量搜索需求的相关性，并且可以从所使用的策略中，获得在线与离线业务收益。

5. 想想哪些内容是没有说的，将角色和情景放在你的搜索交付中

你对受众群体的要求非常敏感时，可以根据用户的需要提供解决方案，让此成为搜索过程中必需的步骤，而不是可有可无的步骤。一旦你开始预测人们的需求，填补当前可用的信息漏洞并开始创建新的对话时，你可以把更长期和持续的机会作为数字策略的一部分。

6. 每一个垂直搜索都很重要，尽管为其服务并非易事，但是确实是有效的

每个垂直搜索都有着其独特的受众，并能为你的网站、公司、品牌和服务提供额外的机会，这有助于扩大其在线范围。完成视频搜索的用户，将会从那些休闲新闻、博客或其他内容类型的用户处得知不同的需求（并提供新的收益机会）。垂直搜索的跨度越大，你就越能广泛地使用购买过程中的信息搜索。

7. 网站内和站外链接提供了搜索引擎不能忽视的信号网络

正如选举中的投票一样，链接能提供关于信任、人气和权威的信息。来自相关和值得信赖的行业管理机构的外部链接，将向其链接的网站传递价值（假设它是"被跟踪"链接）。有很多类型的链接和理想的最终结果，都来源于那些超过影响搜索排名的基本因素的链接。很多内容丰富的网站的最终目标在于提高提供内容的能力，通常来说还是为了使网站变得更加具有可链接性。

短期心态

与长期策略相反，对所用资源的长期价值的反复利用，是为了寻求初始价值（或回报）的最大化。的确有很多这类策略可供反复使用，

但这通常反映出你是想通过对这类策略的使用来更快地获得结果。使用这些短期性策略的目的，在于获得即时性的回报。

图 4.2　短期心态策略时间轴（从第 1 天至第 90 天）

易实现的目标	被遗忘的内容	竞争者捷径	导航更新	技术修复	预点击修改	内容宣传

1. 把握住易实现的目标

每一个在线运营的企业，都会因更便捷（易实现的）的搜索机会的识别与执行而错失一些盈利。数据、专业知识、新视角的引入和其他策略，都有助于从易实现的目标中获得最大的利益。

2. 找到被遗忘的内容

尽管网站都在不断地变化，但内容则经常被雪藏、归档和从网站的其余部分被孤立开来。有很多种方式可以找到被孤立的内容，并将其重新整合到网站中。孤立的内容仅指那些通过任何在线链接或导航都无法访问的内容（或已经从运营网站上被删除的内容）。例如，如果你的网站流量年同比在下降，可能是之前提供的网站内容不能被访问了。重新激活已经丢失或被遗忘的内容，是及时把内容重新添加至你网站的一种极好的方式。

3. 从竞争对手那里获得捷径

每次将搜索营销策略整合在一起时，都不再需要绞尽脑汁、白费力气地开发新的市场策略。其中更个性、更具专业挑战性的需要考虑的因素，是竞争对手已经很好地完成了一些事情，并且你可以从竞争者那里汲取逻辑思维与有用的内容，从而为你的网站带来成功。当谈到搜索引擎优化时，你熟知他人对你的搜索环境的贡献可能是一种优势，并能使用它来帮助自己在今后取得持续性成功。

4. 添加到导航

你扩展网站导航时，可以添加以前你认为不太重要的内容，并介绍以前没有的机会，以引起人们的注意。静态文本导航可以通过融入某种程度的活力，来重新激活网站上的内容层。例如，之前需要额外的人力和搜索才能访问的部分网站，可以通过添加下拉导航的形式，提供具有深度的搜索价值。就这一点来看，不管当前的设置如何，我们都有许多方法可以构建更多的导航。

5. 完成技术性修复

技术性修复决不是一次性的活动，但你可以有目的地进行一些技术更新，以此作为短期战略的一部分，以在更短的时间内提高搜索性能。一些技术性网站和搜索修复需要考虑的首要内容包括：受损网页和网站的不可访问区域、网页缓慢以及移动性能不足、获取障碍、内容薄弱和重复等。

6. 进行预点击修改

当我们谈到预点击修改时，实际上是在讨论如何使你的免费广告更有效地运行。其中大部分是标题标签、元描述优化以及丰富的片段更新等内容。每当 Google 和其他搜索引擎显示免费搜索广告时，你都会收到新的数据集。通过新的数据集应用新的逻辑、A（B）测试和其他操作，来促进点击量和持续的性能提升。许多网站都缺少元数据、重复信息以及其他需要完善的领域。跟大多数短期策略一样，对于长期性策略的成功而言，这些策略尽管是完全重复的，但又是很有必要的。然而，这些类型的更新可能会对最初的实施产生有益的影响。这是大多数短期 SEO 策略包含预点击更新的原因之一。

7. 启动内容宣传

把内容推广给更多的相关受众，更有效地传播你的网站内容的战略性方法，会在短期内支持更大的搜索成功率。如果你已经完成了某种形式的内容宣传，可以随时为现有的促销和分销渠道添加新的领域或改进你的内容营销和推广方式。你为受众写作时，要确保受众能清楚你所写的内容是非常重要的。从电子邮件营销、付费内容促销到社交公关、RSS 馈送，在开展内容宣传时都有很多你可以使用的策略。

长期 VS 短期

本章前面部分内容讨论了被分为长期或短期的不同策略。重要的是要认识到从第 1 天到第 n（"n"表示 1 之后的任何数字）天，或是期间的任何时候，你都可以对相应的性能有所了解。

到目前为止，唯一的选择是使用一个长期或短期策略而不是两者的组合体。然而实际上，在考虑使用二者的优点之前，重要的是要认识到每一个策略的独立价值。事实上，几乎所有的搜索引擎优化方法，都是使用两个策略时间轴所产生的策略的混合体。

SEO 战略不太可能是长期的或短期的（除非你有一个固定的短暂的时间跨度能提供非常具体的最终结果）。相反，该策略很可能是长期和短期的结合体。短期性的成功对建立客户信任和进一步投资是很重要的，但对当前的过度关注，可能会导致惩罚和算法影响，限制其他任何一个短期机会，直到问题得到解决。

> 一个关键的 SEO 技能是充分利用现在，但同时也需要意识到下一步。

创建平衡的 SEO 策略 —— 结合长期策略和短期策略

创建有效的搜索引擎优化策略的方法，绝不是单一的。所采取的方法需要反映很多具体的情况，可以包括但不限于：

- 你想要实现什么，你的目的和目标。

- 你业务运营的行业。

- SEO 行业——最新的最佳做法和机遇的变化。

- 最新数据——应该总能成为你决策的一部分。

- 独特的价值主张。

- 目前的、潜在的和期望的受众。

- 不断变化的在线竞争。

当你将平衡的搜索策略应用到你的 SEO 方法中时，你就会发现短期策略和长期策略的优势和不足。如果将两者融合在一起，可以获得更大的潜在的搜索收益。下面是一个六个月平衡搜索引擎优化策略的示例。我已经将它分为两个季度（Q1 和 Q2），便于你在收集新的信息时，能清楚策略是如何重叠、变化和发展的。

在这种情况下，目标是中性的，因为各种各样的策略对更广泛的目标起着一定的作用（搜索引擎优化），这一点是很有用的。你更熟悉这种技巧并将其应用到你自己的搜索目标时，应该会相对更简单一点。

Q1 示例的 SEO 策略

在最初的三个月时间里，SEO 计划可能是：

- 达成目标、确定业务的优先性，并确定积极的结果会是怎样的。

- 确保你能够监控、衡量以及报告关键的指标。

- 实现快速取胜，并从易实现的目标中获得最大的收益。

- 为六个月的 SEO 交付创建具有可编辑内容的计划。
- 完成免费广告的一些预点击更新。
- 收集数据用以支撑第二季度的决策与策略变化。
- 为 Q2 准备基准、审查和更新。

在这个阶段，将上述的一些计划（行动点）内容视为一个例子，是很有用的，可以由此明白这是如何转变成实际的搜索实施策略的。

1. 快速获胜，并从易实现的目标中获得最大的收益

不论是你的网站建立得有多好、主要做哪个行业、主要竞争对手是谁，还是其他与你的网站有特定关系的网站，搜索引擎优化都始终有快速获得成功的机会。下面讨论与 SEO 快速获胜相关的一些策略以及一些易实现的常见机会。在追求短期 SEO 胜利时，可能会需要考虑上百个因素，为此有必要清楚这一点。所以，你不应该把自己的关注点仅局限于本部分所提出的建议。

在这个阶段你应该问的问题包括：

- 需要多长时间才能上线？
- 我认为这会有什么影响？
- 为了最高限度地提高资源的有效性，需要以什么样的顺序来完成行动？
- 这种行为对网站性能的总的影响有多大？

以下是一些关于快速获胜的示例，需要作为潜在的初始胜利的一

部分来考虑。

查找和修复受损的内容

针对当前受损网页，要么用一些新的、相关的或增值的内容替换遗失的内容，要么将这些受损的内容重新引入到当前网站的在线网页上。

将常见问题添加到当前页面

以快速有效的方式将新的内容和相关信号引入到现有的登录网页，或是从用户所需的最终结果中将转换障碍及时消除。大多数的网站都是通过它的产品和服务，提供某种解决问题的方案，直接回答受众的问题来获得诸多胜利的。

添加内部链接

这种策略可以优化网站上的内容，将新的价值信号发送到主要搜索引擎上，并将相关的内容有逻辑地联系在一起。内部链接可能是一个快速的动作，它能提高用户的参与度和内容质量信号（例如增加每次登录的平均网页浏览量），并且还可以将已知的用户搜索查询添加到相关的内容中。

发现和发展页外话题

我们有时会查看到一些已经提到你的公司（品牌名称、品牌差异等）、网站和你创建的内容的外部网站，但又无法直接链接到该网站。虽然有些品牌价值可能来源于话题，但大部分潜在价值都被忽略。当优先考虑网站途径并成功将内容提交到外部链接时，就可以通过外部投票机会提高你的网站在搜索引擎的排名，以此获得特定的排名收益（通过使用链接锚文本的领域）以及进入网站的引介流量。

改善网站获取和内容索引

对任何网站而言，这都是一件很棒的事情。检查有多少网页被编入了索引中（有很多方法，包括网站搜索以及检查像 Google Search Console 这样的数据分析工具），并将其与你网站上总的网页数量进行比较，可以发现，二者之间的区别是通过修复截取和索引问题来为你的网站获得新的流量的。

完善你的免费广告

几乎在每一种情况下，SEO 策略的前三个月都包括了 SEO 广告的细化和完善。在这里，我们主要讨论标题标签和元描述更改，以便从展示（传统的点击率优化技术）中获得更高层次的点击。

关于页面优化

有一种趋势，即内容的更新与快速获胜的策略有关。如果认为开发时间和积压是推进网站的更新、确实地影响搜索引擎性能之间的主要延迟（或时间滞后）的一种情况，这完全是符合逻辑的。减少这种时间滞后的切实可行的方法是应用初始策略的组合，包括对有限的开发时间或技术需求的加权。页面优化可以涵盖许多更新，但在这种情况下，重点是标题标签、折叠内容、重要的搜索项包含内容和添加混合内容类型。

2. 为 Q2 准备基准、审查和更新

以下这三个步骤更加重要。

基准测试程序

就当前情况而言，一开始就进行基准测试有助于目标清晰化。这就要求你清楚目前所处的位置，尽可能在六个月内完成项目。当对下一步行动进行准确的评估时，基准测试是做出任何改进的必要条件。这时与把主要的目标、关键性能指标联系在一起相比，拥有更多的统计标准数据显得更重要。原因在于所实施的 SEO 行动对更广泛的成功标准的影响可能比预期的更大，同时为了下一阶段的收益，你也不应该忽略那些可以重复利用的机会。

评　审

在任何 SEO 交付中都需要考虑定期评审。你之所以不能评估已取得的进展的情况，是因为你对自己所完成的事情有一定程度的经验，清楚它有什么影响，以及如何利用这些经验来实现进一步提高总体搜索效率的目标。评审可能需要几分钟的时间，甚至需要半天的时间。这根据项目规模的不同而不同，包括目标的复杂程度和相关各方的投入量。如果你正在跟多个供应商合作某个目标，那么每个人对于评审

要求而言，都是很重要的。其中一个主要的原因是通过合理地反馈意见，每个人都需要考虑他们对项目的价值、所完成的行动是否成功和后期所要求的所有替代方法、策略。

完　善

完善，可以有很多方法。下面与之相关的内容有：你所完成的基准测试带来的变化；从你所完成（评审）的操作中，你已经看到了发生的事情；若继续完成预计策略的下一个阶段，你的项目将会发生的变化。当你完善 SEO 策略时，可能你会放弃有限的或没有实际进展的策略，也或许你更加注重在最初的几个月内所投入的时间和资源分配的其他策略。

对搜索中的波纹的理解

Google 引入了波纹，展示在 Google+ 上公开分享内容的人员（账户），以及从初始分享开始，像波纹一样重新分享相同的内容的人员（账户）。此特色功能于 2015 年 5 月被删除。

作为对 Google+ 波纹特点功能的基本概述，分享你的内容并传递给更多的受众的账户，会显示为更大的圆圈（波纹）。内容分享得越不频繁，受众人数就越少，显示的圆圈（波纹）就越小。如果内容没有被共享和重复共享，就没有浏览的波纹可言。还有一些显示波纹时间轴的额外功能，可以清楚共享（影响）和波纹在特定的时间框架内是如何变化的。

你可以访问更多的数据，并更大程度地与影响者（共享者）波纹进行互动。但这些信息的提供，都来自 Google 对可用波纹功能的概述，这样你可以了解它在本书中是如何被应用的。

搜索波纹

搜索波纹是先前可用的 Google+ 概念的一个扩展，它将一个操作（在这种情况下是影响者共享的东西）的影响可视化为最终结果（即某种内容形式的潜在社会影响范围）。这似乎完全符合逻辑，你可以将这种类型的视觉波纹应用程序应用于其他可跟踪的交互，包括搜索引擎优化。这正是我们现在要讨论的。

图 4.3 提供了 SEO 中的波纹示例。在这种情况下，波纹能显示很多影响内容质量的操作。

当你考虑更多的图片、数百个搜索引擎优化的直接排名因素和其他有关排名的因素时，你会慢慢开始了解 SEO 中的实际波纹效应。

我选择使用波纹作为视觉设备，以帮助你考虑更大的搜索图片，以及一个操作对另一个操作的交互作用和影响，并且这些因素都有助于最终结果。这其中的目的之一，是使理论更适用于你个人及其他相关要求。

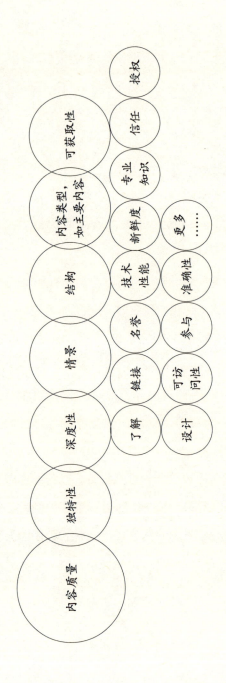

图 4.3 搜索波纹：波纹类型的示例——内容质量

在这个阶段，我们需要认识到的很重要的一点，就是操作圈或波纹的大小可以反映出对最终结果的影响（如果是追溯性应用，则会产生实际影响）。操作圈越大，对最终结果的影响就越大。为了简单起见，我们使用的示例仅显示了几个方面的差异。大多数情况下，在这个实际的方法和应用中，纹波的大小是可以变化的。波纹能反映当前确定的操作区域，可以看作是构建下一阶段的波纹（或操作）的起点。通过搜索策略创建波纹，你可以快速识别威胁、机会、弱点和优势以及比较历史策略的成功指标，从而在未来的波纹创建中进行创新和反思。

波纹创建的实例

在上一部分中，我们介绍了 SEO 中的波纹的概念，具体地介绍了与内容质量有关的波动领域。在本部分中，你可以看到 SEO 重要领域的一些额外的波纹示例。在这里你会注意到，许多波纹操作可以跨终端目标进行转移。对于一个目标类型而言，较小的波纹操作可能会对另一个目标类型产生较大的波纹。当应用多个波纹作为搜索策略的一部分时，你可能会发现波纹动作的优先级，需要考虑到这些重复波纹的频率和规模。

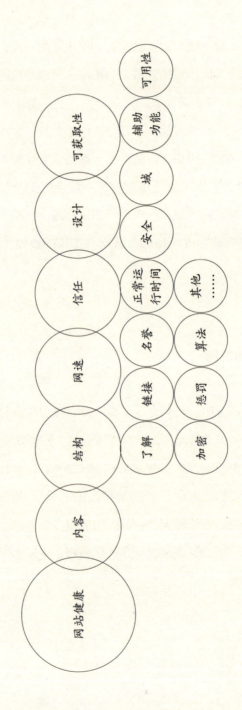

图 4.4　搜索波纹：波纹类型的示例——网站健康

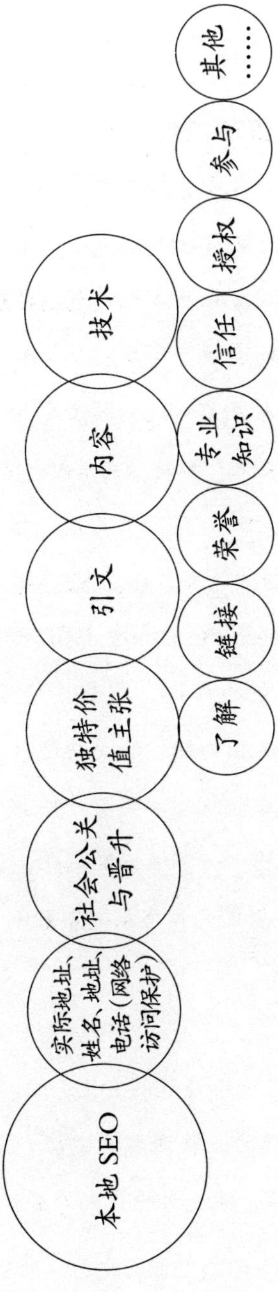

图 4.5 搜索波纹：波纹类型的示例——本地优化（SEO）

关键术语

1.SEO delivery（SEO 交付）

这是对搜索引擎优化理论与策略的实际应用。对于个人、公司、专家和资源提供商等而言，SEO 交付可能比较特殊。

2.Long-term search mentality（长期搜索心态）

需要有意识地专注于审查、交付和寻找实现搜索目标的更长期有效的方法。在许多传统的搜索引擎优化活动中，将重点放在更长期有效的方法上，都是很重要的。

SEO 时间滞后的一些示例可能包括数据采集、搜索引擎重新获取和重新评估排名收益、实施 SEO 建议的所需时间等。

3.Short-term search mentality（短期搜索心态）

正如你所期望的那样，与长期搜索思路形成鲜明对比的是跟快速短期的策略相关的，能支持搜索引擎排名中更短的时间框架的潜在收益。每个网站都会有一些易实现的目标，这有助于更快地获得在线结果。一个很好的例子，就是纠正诸多的受损网页（404），重新将权限定向到当前的实际网页，并增加访问你网站的引荐流量。

4.Ripple 波纹

一个操作对另一个操作的直接影响，往往涉及水、在水受到影响或触碰之后出现的一系列水的运动（波纹）。向一个静止的水池中投掷一块鹅卵石，从受影响点向外扩散出很多水纹，这就是波纹效应。

5.Tactic（策略）

为了影响所需的最终结果而进行的特定操作。点击率优化的应用，从现有展示中来看，是一种用于催生更多广告投放的策略。

6.Hybrid（混合动力）

结合两个不同项目的新的最终结果。例如，将短期策略和较长期策略进行混合而提供的一种不同的搜索策略方法。

7.Multi-device（多设备）

人们采用多种类型的技术来摘录内容。虽然传统上的搜索仅限于台式机，但在过去几年中，诸多的新技术（特别是用户设备）已经开启了许多新形式的搜索行为。人们可以通过手机、智能手机和平板电脑（初学者）搜索互联网。

8.Search verticals （垂直搜索）

按类型划分，搜索引擎具有独立形式的细化内容。你可以将所有类型的内容作为默认网络搜索的一部分，或将搜索内容细化完善到特定的搜索领域。垂直搜索的示例包括视频、新闻、博客和地图。

9.Thought leadership（思想领袖）

在一个专业性的思想领域，思想领袖是具有权威的公认价值的个人或单位（即一个企业）。思想领袖的内容，是由某人（单位）创造的，其意见（内容）受到高度追捧，并且在主题事宜上，有可能指导其他权威性较小的观点。

10.Content promotion（内容推广）

内容推广的最终目标，是以某种形式获得有利可图的（最理想的可重复性）最终结果。

关键点

- 数字化成功地开始于你的网站、支持用户和搜索需求的能力。

- 搜索中的长期心态与短期心态，往往会导致承认二者价值的混合策略。

- 在创建功能性和技术支持性的网站（正如之前所述）时，要确保用户和搜索引擎能够理解内容。

- 在长期策略中，大多数网站能更好地利用位置。

- 每个垂直搜索都有其独特的受众群体，并为你的网站、公司、品牌和服务提供额外的机会，以扩大其在线的覆盖面。

- 跟选举投票一样，链接会提供有关信任、人气和权威的信息。

- 每一家在线运营的企业都缺少一些快捷的潜在功能。如果把搜索营销策略放在一起，就不会做无意义的重复。

- 搜索波纹是之前可用的 Google+ 概念的扩展，将一个操作对最终结果的影响可视化。感知行为对最终结果的影响越大，波纹就越大。

- 波纹反映了当前已确定的动作区域，可以被视为构建下一阶段的波纹（操作）的起点，而不是对所有具体可用操作的有限的看法。

第五章

从价值观念而不是投资回报率

（ROI）的角度思考 SEO

学习成果

在本章中，我们会考虑 SEO 的作用，具体说明为什么使价值而不是投资回报率（ROI）成为搜索引擎优化方案的基础的重要意义。

阅读本章后，你会了解以下内容：

- 价值为什么应该首先与 SEO 相联系
- 从 SEO 中提供 ROI 的副产品的方法
- 行业特定案例研究，网站如何从低成本营销、旅游和电子商务市场价值中增加 ROI

为什么价值永远排在首位

SEO 服务几乎就是根据度量指标的解决方案来完成的。例如"我投资 £x，收回了 £y"。在这种情况下，"£x"可以是单向费用、咨询款或月度费用。同时你也会发现"£y"是对所需结果的测量结果的细分，比如流量、目标完成量、交易或投资回报百分比（即对每一英镑投资，SEO 返回 1.20 英镑）。

乍一看，这种方法似乎完全符合逻辑。投资于服务或专家型资源的人们，想知道他们可能会得到什么样的回报。基于回报的搜索引擎优化服务（如果你把 SEO 视为投资回报率媒介），出现的问题可能具有极大的孤立性、分化性。以行动为基础的方法，在通过 SEO 策略进行使用时，通常会使得服务水平受限。

虽然 SEO 方案的价值需要被完全呈现，但是在很多受 ROI 驱动的方法中几乎被忽略。

> 对度量标准的过度关注，可能会限制真实价值的广度、有损长期的成功，从而导致专业知识被忽略。

这些听起来可能有些极端。但是，如果你的 SEO 建立在非常具体的指标性回报的基础上，那么任何直接影响这些指标的操作性偏差，都可能会被视为损失（资源损失、时间损失和最终能感知到的投资损失）。

例如，如果你拥有交易增长的领先性指标，你就容易向客户证明他们需要创建对交易有意义（但是有时毫无意义）的博客内容（仅仅是一个操作，而跟基于交易的 ROI 毫无关系）。在某种程度上调整那些不会直接影响指标的建议，可能会导致出现基于 ROI 的策略的局限性。

在进一步了解情况之前，最重要的是要明确指标在 SEO 关注点、操作和交付中的重要性。每个SEO运动都应该包括目标、测定成功（和改进）的某种形式和澄清成功对客户而言所具有的意义，这些都需要适当的指标标准。

指标不仅有助于你清楚自己正在做的事情和解释其中的缘由，还能帮助客户了解他们付款后能获得的可交付成果以及他们希望获得怎样的回报。

然而，更重要的是你如何努力实现度量标准和创造以此为中心的所有内容。我们需要注意的是，价值虽然不是衡量 ROI 服务遗漏的唯一方法，但它却是一项重要的参考指标。

搜索指标的类型

跟你所期望的一样，网上的内容几乎都有搜索指标（度量），因此不要将以下内容视为你的唯一选择。虽然这些涵盖了用于搜索引擎优化的很常用的指标。但在这个阶段，有必要花些时间了解 SEO 的指标，不论你使用什么样的交付方法，都可能会成为关键报告项目之一，当然也会成为客户确认或提问成功的关键。

你开始使用这些指标类型时，请注意，在搜索策略中，指标是对运用专业知识所产生的结果和采取的行动的度量，它们不是产生结果的唯一基础。

1. 显示

直接归因于已经完成的 SEO 操作。显示的情况能成为你正在处理的策略的一个早期信号，并能初步产生积极的影响。

2. 点击

能即刻表现出理想的结果，就是显示出广告的点击率，并且（几乎总是）还可以引流到搜索结果页面之外的地方。点击率就相当于传统零售店的客流量。

3.SEO 流量

SEO 流量也被称为"自然流量"。不是每个点击登录、进入你的网站的人，都来自于自然搜索（或 SEO 流量）。例如，如果有付费显示选项和自然显示选项，搜索者可以选择要点击的内容，从而可以具体划分你的网站的广告投放类型。这些只是关于流量细化的两个例子，还有更多的类型，有些则以成功的指标的形式在这部分中被讨论。从 SEO 进入你的网站的流量作为一种独特的流量类型，通常能对 SEO 性能的核心直接进行测量。测量流量的方式有很多种，包括年同比性能，这有助于清理一些潜在的外部变化因素，如季节性因素或月度性能，从而可以进行更短时间期限的比较。

4. 引荐流量

链接构建和额外的页外 SEO 活动，对从外部网站进入网站的流量有直接影响。例如，你可以创建一些意义深远的目录和引入网站（例如 Yell.com 这样的网站）的业务实体链接，所有从这些网站点击链接的人，都将被视为引荐流量。从外部资源链接到你网站的任何内容或信息，都会被添加到引荐流量中，便于用户直接从这些外部位置进入网站。

5. 直接流量

随着越来越多的人意识到你的品牌（品牌知名度是 SEO 交付的关键），更多的人将反过来直接导航到你的网站。当人们在浏览器地址栏中直接输入所需网站地址、使用书签或以其他方式返回到你的网站时，他们将被划分为直接流量。直接流量可以成为在线品牌成功优化的重要拖尾指标。虽然直接流量往往以品牌为中心，但也可以作为服务或解决方案改进的具体测量方式。例如，你可以通过持续性内容、社交公关、电子邮件营销和优化方法来推广新的服务，也可以通过改变直接流量（推荐、自然 SEO 流量和其他流量类型）来跟踪这些具体内容。

6. 网站总流量的 SEO 渠道百分比

这可能会变得稍微复杂一点，甚至可以说你的 SEO 交付越成功，它对直接流量、引荐流量以及其他领域（包括来自社交媒体的流量）的影响就越积极。说到这一点，我们不得不承认 SEO 作为特定的媒体对更大的网站流量百分比（100%）有很大的作用，经常被用作衡量成功的标准。

7. 额外的细分变化

通过多种方式来具体划分访问你的网站的流量和用户，确定并细分那些对你的组织有重要意义的内容会带来诸多广告活动，通常是客户指定的细分指标。作为对本论述的一个基本示例的补充，你可能希望对移动设备（甚至是特定的设备）进行特定的优化，也需要报告此定向优化的影响。这种方法中的策略可能包括移动网站的速度、友好性和响应性设计。

8. 网站健康

SEO 增加了你的广告浏览量、网站点击量、客户购买量。你的网站发挥了执行在线内容的关键性作用，还提升了用户体验。这种经验肯定会提供最终的结果以及许多潜在的相关结果。从网站速度到受损的链接和用户体验，都需要通过很多独立的和相互关联的手段来衡量你网站的健康状况，并执行和改进与指标相关的内容。

9. 品牌和非品牌

无论你是否看重显示、流量、目标达成量和交易等其他内容，都需要区分品牌（即公司名称、公司名称的变化以及任何拥有自己品牌的关键产品、服务）和非品牌收益（除了品牌之外的所有内容）。除SEO 操作带来的直接收益外，大型品牌还可能会获得品牌搜索引擎优化（通常由于其他营销、公关和媒体活动以及一般业务增长）带来的收益。一个小品牌、新品牌或同一品牌（正如之前所述）进入新的营销领域时，如果购买一个与品牌不匹配的新型子公司或进入新的领域，那么会在很大程度上（有可能是完全）失去品牌效应，同时也需要调整策略来反映出更明显的非品牌影响。

10. 微观目标和宏观目标的达成

完成宏观目标就是最终结果。例如，表单的完成、交易或电话呼叫的流程的完成。微观目标有助于进一步完成下一个目标。举个例子，客户在购买之前，需要按要求下载手册、观看视频、阅读条款等。

将一个项目添加到表单中可能被视为完成一个微观目标，而付款才是完成宏观目标。

以下是关于完成微观目标和宏观目标的实例。

D公司吸引了1000次产品网页的浏览量，但只有20人购买该产品。经过多次测试，业务部门了解到，在购买过程的关键性阶段中，目前有的网页存在不能满足受众需求的情况。于是，D公司向网页增加了一些微观目标。

他们添加了一个能跟踪事件的视频 [是可以看到有多少人参与了该视频的一种方式——这可以通过 Google Analytics（分析）被添加为一个免费示例演示]，以查看有多少人在购买之前观看（微观目标的达成则是观看视频的访问者）这个视频，这其中包括了鼓励人们观看视频的行动呼吁（例如查看此产品的安装方式有多简单）。

产品下方有一些常见问题的解决办法。为了节省屏幕空间，这些内容都被加密了，只有用户需要时进行点击才能看到答案。这些常见问题包括人们需要知道，在不用担心做出错误决定的情况下，进行购买还存在的主要障碍。这些内容将事件跟踪包括在了代码中，以便业务能够查看在这些微观目标完成中关于用户参与的数据（微观目标是针对阅读关键的常见问题的人群）。

通过测试这些新的微观目标完成的位置和其中包含的内容，D公司能够完善其在此页面上转换的方法（在本示例中，转换则为销售）。

为什么价值需要先行

构建以价值和最终结果为中心的策略或是以 ROI 为基础的标准，都会直接影响之前所讨论的所有指标。这样做的主要潜在意义在于价值的策略会演变、演化，整体受众也会变化。

在尝试理解价值时，重要的是需要考虑很多用户影响者被要求支持最终目标（在这种情况下，最终目标可以是最早期望的用户操作，包括预点击，也就是搜索者点击的自然广告）。与此相反，如果策略仅仅针对最终指标，会导致非常有限的范围、差异或价值取向。

源于 SEO 的交付 ROI 的副产品方法

将搜索引擎优化策略应用到任何网站，都有无数的潜在优势，并且绝大多数的优势都与 ROI 无关。但是，在大多数情况下，没有 ROI 的 SEO 是不会持续太久的。我们接下来会重点关注 ROI 的交付——作为基于价值的搜索（SEO）策略的副产品。

> ROI 对于搜索策略的副产品方法而言，不能被遗忘或隐藏。事实上，这是在大多数策略中都会被考虑的因素。此外，作为副产品的度量 ROI（以投资的特定类型的返回形式），表明了价值与 ROI 之间相互依存的关系。

以下内容包括了影响范围和一些服务的操作（策略）类型，以便交付 ROI 成为成功的 SEO 的副产品。一个影响者可以位于购买流程的任何阶段，包括在用户登录你的网站之前或最终购买之后。

请注意，这些内容不会按照任何特定的顺序进行排列，因为这可能依据信息搜索、搜索者目前所处的购买流程以及大量的其他外部因素而有所不同。

表5.1　SEO影响和支撑副产品ROI的操作

影响者	行为
价格意识、直接价值比较收益以及基于成本的区分因素	使价格清晰化，易于定位，并得到任何以价格为基础的价值产品的支撑
传递信任、可信度以及满足金融安全的需求	提供安全付款、安全网站以及明确满足用户的信任需求
发现更多内容的能力，研究可替换性方案，增强操作（点击、购买、下载等）体验	内容深度的交付、直觉与分层导航以及局部划分清晰的信息
初步印象：看、感觉、权限和其他刺激器	专业设计、独特的成像、主动留白以及已知受众信息需求的覆盖
风险，用户需要承担的总成本水平。这可能包括时间、资源成本以及资金等其他成本	将预期时间定义到预期的最终结果，将操作进行分解以便更容易完成最终的预想。通过内容、案例分析以及其他内容来增强信任感
满足个人安全需求。从某种程度上来说，与金融安全有关，但是还包括更多内容，比如数据安全以及操作能力	补充信息元素以清除信任障碍，从而获得成功。通常在页脚或子菜单中的内容包括条款、条件、公司价值、数据保护以及更多内容
在同一情况下，对其他继续转换的人的行为、利益或满意度有更广泛的了解——群体心态的影响	提供用户生成的内容。评论、案例分析和社会公关
客户求助、支持以及问题解决方案——可用性、准入和完成	可用性包括电话、电子邮件、在线聊天以及具体地址等内容
激励、接驳点对齐。通常包括免费的内容，这有助于克服任何突出的行动障碍	免邮资、多购买优惠（买一赠一BOGOF）、限时优惠和季节性销售

续表   表 5.1   SEO 影响和支撑副产品 ROI 的操作

影响者	一个
质量感知。这可能是单独的评估或与可用的替代方案的比较	星级评分、独立评论、用户视频、产品测试、研究和分析
社会信号。从某种程度上来说，这可能包括群体心态，但是也包括获得更广泛的同行信息、反馈和鼓励	提供轻松的信息共享与联合。现场产品和服务反馈以及其他社会信号，如评论功能
更长期限的关系。可以包括返利的愿望、重复交互并成为有价值的消费者	最终结果与回馈意见出现后，反复鼓励，持续保持沟通
快速简单的信息访问和消化，反映独特的用户偏好	为多设备和内容丰富的体验提供混合内容——通常越详尽越好
有效的且易理解的历程，这表示无需额外思考、处理即可获得最终结果的能力	明确的行动呼吁，微观目标和宏观目标的达成，符合逻辑和有效的消费者结账过程
定制、替代和机会，包括个性化或变化的情况	给用户享受更独特和个性化的体验的机会。这可能包括用户参与、选择标准、产品、内容和其他领域的筛选
升级、改进、修改和附加功能。更好的、新的或具有区别性的替代品	这也可能包括新产品、范围以及最新款产品或服务改进领域的意识

行业特定案例研究——价值 ROI

　　自 2003 年从企业管理与通信专业毕业以来，我就有机会交付内部搜索营销和更广泛的数字解决方案。我曾在一个初创企业担任顾问，并领导一个引领英国搜索与数字机构的搜索（SEO 专家）部门。在这里，我培训了搜索和营销专家，外包数字服务，运行和完成了数百个多学科专家型搜索和数字营销活动的关键部分，并为我能想到的每个跨行业网站提供了搜索方案。

　　本章这一部分的目的，在于分享一些在这类行业很有用的搜索策略，当然，这些策略也适用于其他搜索领域。这一部分的重点，是为你提供最具竞争力的行业类型的规范化策略示例。在这种情况下，将以低成本营销、旅游行业以及网站类型为例（这里的网站类型特指电子商务网站）。这里提供的关于策略示例，并不是只针对我所从事过的某一个行业，而是提供搜索影响成功的案例。在这些行业和其他行业提供的成功经验里，这些案例研究完全基于我多年以来使用过的综合性战术。除此之外，这些情况下的策略可能包括建议、潜在的机会以及基于实施的任何追溯性机会。在这个阶段尤为重要的是要了解以下并不算太完整的策略，它们是可以增强你在其他在线营销领域获得成功的策略。事实上，如果你适应了这些在线策略，就会变得越来越有创意，这样你在部署安排及完善这些策略时，也会具有更大的潜在价值。我的目的在于帮助你识别搜索引擎优化的特定策略并完善它们，了解如何使用这些策略，从而尽可能满足你的要求。

案例研究　低成本营销行业

低成本营销行业是竞争高度激烈的在线行业。虽然这往往集中于电子邮件营销，但在这个更广泛的主题中还有一些额外的低成本营销细节，我会在下面的策略概述中对这些内容进行具体介绍。

比　较

当你在竞争激烈的行业中角逐时，搜索者可以看到类似的产品（信息传递除外），此时差异化就可能成为核心搜索机会。比较的深度和比较的统计（事实依据）越深，潜在的收益就越大。交付方式的多样性以及比较的内容类型，可用于多方面的成功。例如，清单和表格具有轻松访问、快速比较、了解细节以及获取顶级信息的特点，但是屏幕录像和用户视频的使用可以增加内容类型的深度以及可替换性方式，从而提供有更复杂的特点的信息。这些更复杂的特点，可能在一定程度上需要对话题的精通和相关知识。

季节性

将一定程度的季节性内容建立在网站主层次结构中，有助于获得行业之外的机会。低成本营销受沟通需要的驱动，有什么更好的方式可以通过重复日历活动来扩大覆盖面和增强意识呢？复活节、圣诞节、感恩节等主流活动，都是很不错的出发点。但是，如果纳入一些不太起眼的节日活动，策略就会变得更加有效。诸如商业趋势与事件，都促使消费者想抓住购买高峰期的机会。

整　合

随着营销渠道（在这种情况下，指的是电子邮件、其他低成本营销类型和 SEO）的整合，你可以利用网站信息、教育与产品支持营销沟通，从而获得很多远远超过通过电子邮件、邮寄广告以及其他单一形式而获得的机会。你引入一种跨学科的沟通方式后，便能降低只有一种方式的局限性。这种方法对于更长期限的转换途径尤其有用，这就需要你在更长的时间内，表现出自己的回馈兴趣。

分　解

通常情况下，从事低成本营销可能包含所有行业，它所面临的最大挑战之一是，要时刻抓住每一个机会。当你获得这个权利时，细分门（用）户、角色机会的不断拓展，便成为战略基础。有效的划分可能涉及许多形式，包括定制、动态内容传递、主导航、子导航、子文件夹，甚至子区域划分（添加到其中的所有这些内容可能是设计、内容和其他形式的用户指导性策略）。

数　据

当你创造独特的受众价值时，最成功的资源之一，可能是你自己的数据收集、分析和研究（报告）。低成本营销公司往往有一些最广泛的信息可用来作市场分析和报告。当该数据最大化时，它可以提供真实的见解、意见和公司想法，并在竞争中提供明确的导向。

案例研究　旅游业

　　要想取得该行业的成功，但是又必须面对诸多挑战的行业之一，则是旅游业，原因在于竞争对手的数量和多样性，以及市场上一些非常大和非常知名的竞争对手。下面讨论的策略增加了这个领域内特有的搜索价值和用户价值。这些战术与本章中提供的其他策略一样，也适用于其他情况和行业。它们是根据潜在的使用而提出的，以取得与这些行业更加相关的收益。

精　简

　　从这层意义上来说，我们正在研究如何将用户信息精简为实用包，以满足用户独特的需求，用户只需要最少的付出，就能最大程度地获得相关信息。旅游消费者可能需要大量浅层次的帮助和建议，并以套餐的形式进行购买，因此以相同的方式提供信息能支持有效的搜索和买家行为。例如，运输、住宿、消费品和保险可以作为单独的假日套餐供消费者选择。通常将第三方服务组合成面向客户的针对性服务，同样也可以通过内容、用户行程、转换路径等方式来实现。

价　格

　　价格可能是旅游业中极为敏感的一个话题。背后的驱动力是消费者可以通过大量的网站对产品进行比较，通常消费者从决定到购买的时间也相对很短。从航班、酒店、保险到租车，成功的价格定位都是必要的。重要的是，要明白价格的定位不能与提供最便宜的价格相提并论。价格可以有效地被用作质量和服务的标志，因为它可以作为低成本的即时信号，从而可以让商家及时采取行动。在考虑 SEO 的基于价格的策略时，请考虑定价的透明度、支持内容、定价和二级策略的调整，以减少或增加整个购买过程中的定价选项。

人

谈到旅游业时，可以与讲故事进行类比，讲故事的最佳方式是通过真实的人进行叙述交流。你可能有幸（或通过努力工作）拥有现有的和自然增长的品牌倡导者，但是对于多数人来说，这种宣传分歧可能会成为限制这一行业搜索成功的潜在性障碍。为此可以采用许多策略来创建新的品牌并发现隐藏的机会。一些比较好的机会，包括为主要的博主和目标人群提供免费的产品和服务，以便对审查、社会公关和竞赛提供内容分享和品牌参与激励等。以旅游为例，你能够看到将策略与创造性内容结合得越紧密，结果往往会越好。

垂　直

这里，我们会考虑使用更具创意的垂直搜索方式，例如图像搜索和视频搜索。人们早期对信息的搜索，可能源于令人惊艳的视觉感官，比如一张笑脸的或是一张荒凉的图片。所有表现形式的图像，在旅游行业中都脱颖而出。但是，图像和视频不仅被用于目的地搜索，还可以通过短视频评论的影响，以及基于图像的竞争，从而使网站访问者在最后关头决定假期旅游订单。

新闻劫持（Newsjacking）

在这种策略的背景下，**Newsjacking** 是指通过快速转向（最可能的是网站上）内容，利用最新的具有新闻价值的事件来拓展你的覆盖面、参与度和网站投放机会，从而为新用户提供搜索量范畴内的短期高峰服务的能力。这可能是传统媒体、新闻、电视的趋势，而现实中，很可能是任何类型的激发了大量搜索兴趣的新的短期事件。当你能够快速有效地创建独特的最新内容、整合独特的立场、专业知识、意见和各种最新的主流话题时，你将有可能在众多的、多样化的或具有相关性的旅游主题方面名列前茅。

案例研究　电商行业

在一些情况下，电子商务网站仅仅是指搜索者直接从搜索引擎结果网页登录的网站、向消费者销售商品的网站。这样的网站以大量非常浅显的内容闻名，其关注的焦点则是对漏斗受众的划分。电子商务网站通过成千上万（可能是数百万）特定范围的搜索查询以获得较高的排名，而他们所面临的挑战是巨人的。

分　类

你拥有一个跨越数以千计（数百万）产品范围的大型网站时，一开始就能获得的非常重要的策略之一，就是产品范围的顶级创建和划分。这个阶段的目标，是拥有一组网站目标分类网页，能够对内容（产品）进行逻辑性地分组，以便于用户过滤和梳理搜索信息。

产品差异化

获得在线产品排名的一个重要部分，是提供超越任何竞争对手的产品及信息价值。如果让你考虑成千上万种独特的产品，这似乎是一个不可能完成的任务，但对搜索引擎优化而言，即使是在很短的时间内，也是可以做到的。许多内容管理系统和数据库编码项目，都是将基于规则的信息添加到所需的网站上。先决条件就是要确定它是可以增值的唯一数据，并确保它能够有效地实现搜索和用户增益。产品描述虽然是该策略中的一些重点领域，但是在该范围之外，还有更多基于规则和手动产品更新的机会。

优先级

无论网站规模如何，某些产品范围对 ROI 和网站总成功率的贡献都将大于其他网站。当你拥有有限数量的可用资源时，你需要确保自己所采取的行动、关注的网页（部分）都有价值，同时那些资源投资也反映了能获得的潜在结果。

整个漏斗焦点

许多电子商务网站只关注漏斗底部的机会，这是一个错误的想法。虽然漏斗底部搜索关注点将提供最快、最直接的投资回报，但漏斗的其余部分将最有可能提供更大的交易量和更便宜的（时间、资源、金钱）持续性效益。通过向网站添加支持信息搜索和购买需求，你可以为网站、品牌和很多正在出售的相关产品，扩大潜在的可能性和可见性。

图像优化

如果你在电子商务网站模板级别的图像优化中获得成功，就可以从图像中获得比网站上的其他内容类型更多的可视性。对你而言，图像需要是高质量的、独一无二的，而不是素材照片或标准的零售商图像。网站则需要的是已经可用的（正确的压缩文件类型及更多）且容易分享、参与和购买的信息。每一个图像都应该服务于某一个目的、讲述一个产品、支持视觉信息，以鼓励消费者立即购买。图片应在 Alt 文本、周边内容和提供的任何支持细节中被准确描述清楚。

社会共享

社会媒体和社会共享，常常作为电子商务数字营销的搜索策略而被忽视。图像是内容共享、联合和参与的有用驱动力，但是不应该将自己仅仅局限于图像化领域。还有很多其他可共享的内容类型，它们都有不同的优点。视频很少将其最佳潜力用于电子商务网站之外的服装、时尚、设计领域，但若用在种类和关键产品层面，它可能是非常高效的策略之一。

关键术语

1.By-product approach (to ROI) ［副产品方法（投资回报率）］

在本章部分，ROI 的副产品方法反映了对 ROI 的二次关注，而主要关注点还是在其他交付领域。本章中 SEO 方法的主要关注点则在于价值。

2.Metrics-projected solution（指标预测解决方案）

这是指主要基于估计（预计）的潜在收益的 SEO 解决方案的交付。在项目开始时，决定和估计的测量（指标），可能会因搜索投资的目标和预期结果而有所不同。指标可能将包括排名的提升、流量和转化（销售或其他目标达成类型）。

3.Low-cost marketing（低成本营销）

这与投资水平最低或通常是免费的、可替换性形式的营销相关。一些最为频繁的低成本营销解决方案，包括电子邮件营销和手机营销（文字营销或短信营销）。

4.e-Commerce（电子商务）

电子商务就是指电子商务交易。在这种情况下，特指在互联网上完成的货币转移。电子商务有助于成功转移资金、在线购买、销售商品和服务。

5.Micro and macro goal completions（达成微观目标和宏观目标）

目标的达成是任何可跟踪类型的最终结果。宏观目标的达成是最终的结果，例如表单的完成、交易或电话呼叫之类的事情。

举个例子，消费者在购买之前按要求下载所需小册子，观看视频或阅读条款和条件。将一个品种添加到一个购物车中可被视为是实现了一个微观目标，而支付的完成才意味着宏观目标的实现。

6.Metric 指标（搜索度量）

指标是一个特定的衡量标准，可以让你衡量自己的收益或损失。例如，你将新内容添加到你网站的一个网页上，之后对其增加流量（作为指标）。通常，在识别搜索营销活动是成功还是失败时，有许多搜索指标都比较有用，其中一些已经在本章中被讨论过。

7.Impression（显示）

每次用户看到广告以外的搜索引擎结果页面（SERP）时，这都算是显示。显示不同于点击，这与查看搜索者浏览你的广告、点击你的广告和专注于你的广告，是有区别的。

8.Multi-disciplinary（多学科）

通常指的是不同的、独立的、不同领域的专业知识的结合，例如调整 SEO 和电子邮件营销。它可能包括几个学科，但是最重要的方面是每一个学科都被纳入到这一潜在的互补优势中。

9.Seasonality（季节性）

重复（年度）事件，通常是可以预测未来影响的事件的形式（积极的或是消极的）。例如，每年的二月（情人节或其前几天），零售行业的季节性卡片、鲜花和巧克力的销售额都将增加。通过访问与季节性相关的数据，你可以有的放矢地做好准备，并可以改善季节性机会所带来的价值。

10.Persona（人物）

对构成人的个性特点的元素的解释。在搜索营销领域，人物频繁地被用于有效地识别、制定和确立策略，从而对产品、服务和解决方案产生积极的影响。

11. Newsjacking［新闻劫持（利用某个新闻事件，趁机推销某品牌)]

即通过对多种与新闻相关的主题的反复观察，为你的搜索策略带来新的覆盖面、参与度和可见度的能力。通常这是个别趋势的短期排名，能支持品牌、网站和服务的潜在收益。

关键点

- SEO 提供的服务，通常是以指标预测的解决方案为基础的。
- 在 SEO 中（或仅考虑 SEO 作为投资回报率媒介），基于收益型服务交付的问题在于使用高度隔离与分段的基于行动的应用方法。
- 对指标的过度关注，限制了真正的价值宽度，破坏了长远成功和蒙蔽了专家。
- 每个 SEO 活动都应包括目标、对成效（和改进）的一致评测和对什么是客户至上的阐释。
- 在搜索策略中，指标是对运用专业知识获得的结果和采取的行动的度量。它们并不是产生结果的基础。

● 在任何网站上使用搜索引擎优化策略都有无数的潜在优势，且大多数都与投资回报无关。

● 创建只针对在线领域或行业部门的策略是有可能的。多年来，从创建搜索策略的角度来讲，一些战术在特定行业尤其有效，这也是无可厚非的。

● 不管你的业务领域如何，重新规划策略和战略性实施将有助于你变得更加具有创意，从而获得持续不断的成功。

第六章

为 SEO 创建价值备忘录

学习成果

完成本章后，你将对以下内容有更全面的了解：

- 什么是 SEO 价值备忘录
- 如何为自己创建基于价值的备忘录
- 使用价值矩阵

什么是价值备忘录

到目前为止，我们已经讨论了 SEO 是什么，为什么很重要。我们也谈到了在线获得成果的有利之处，研究了 Google 的更深层次的指导性原则、SEO 和 Google 之间相互依赖的关系，并提供了一个使用 Google 进行优化的备忘录。

我们也清楚了在 SEO 交付过程中，由于过多的程序而产生的限制。我们研究了实施自然搜索营销的另一种方法，并研究了识别、扩大和实施其他搜索机会的技巧。

还向大家介绍了最新的搜索波纹理论。我们区分了 SEO 的长期心态与短期心态，并提供了一些波纹创建的实例。这样做的目的之一，就是让你向大家推广这个理论，并将其实际运用在你自己的搜索引擎优化策略中。在第五章，我们讨论了为了长期的搜索引擎成功，价值总是需要先行的一些原因。同时还陈述了如何创建通过 SEO 传递 ROI 的副产品的方法。你也可以看看那些特殊行业的案例研究，以便于识别重复搜索收益的战略性机会。虽然在之前许多主题中，价值都是惯用的参考依据，但是我们还没有全面地给你介绍使用价值的实用性指南，并将其作为你搜索方法的一部分。但不用担心，很快就会讲述这方面的内容。上百万种方法可被用于创建备忘录、整理、分组操作和提供基于经验的逻辑，以证明每个备忘录的目的和包容性（即指标）。根据经验，在创建一个基于价值的备忘录的过程中，有以下四个重要的方面：网站价值、用户价值、搜索引擎价值和商业价值。在包括了这四个核心矩阵元素时，你就可以很有自信地说，自己的价值战略有足够的重要性和多样性，以此来提供所需的结果。

表 6.1　SEO 价值矩阵

网站价值	用户价值
· 技术健康和维护 · 网站速度 · 结构／导航 · 安全／信任 · 可用性 · 设计	· 可访问性 · 内容 · 观众／角色 · 命题 · 沟通 · 旅程 · 人群需求的实现

续表 表 6.1　SEO 价值矩阵

搜索引擎价值	商业价值
·网页上 ·网页下 ·垂直搜索 ·移动	·目标 / 目的 / 基准 ·数据 / 完善 / 改进 ·位置 / 品牌 / 服务 / 产品 ·回报（指标 /ROI）

创建指南的步骤

　　跟其他备忘录一样，那些对你的搜索引擎优化交付时没有积极影响的各个因素。这样可以作为价值战略创造的初始模板，也可以作为通过 SEO 将你自己的创造力用于实现客观目标的起点。

　　我们现在开始讨论如何将网站价值的矩阵进行拓展，并将其转化为你的初始价值的备忘录。

表 6.2　网站价值备忘录

技术健康与维护	安全 / 信任
浏览器兼容性	Cookie 政策
适当追踪数据智能 / 代码无错误 / 有效 / 最新 / 元数据存在、独特和优化 / 受损网页 / 受损图像 / 受损内容 / 受损链接（网站上 / 网站外）孤页（无法访问）	条款和条件
	数据保护
	隐私政策
	具体地址
	注册公司
内容 / 网址重复 / 规范化 / 拆分关注 / 取消关注链接 / 重定向 / 功能性 / 目的性 / 执行	防止黑客入侵
	插件更新
	正确的权限
维护：速度 / 截取 / 导航 / 安全性 / 可用性 / 网页结构 清洁 / 友善 / 简洁的网址	适当托管
关键词：发现 / 密度 / 种类 / 同义词 / 机遇 / 上下文 / 关联性链接（内部 / 外部）	
算法 / 惩罚 / 最佳做法	
受损网页 / URL / 内容处理 / 自定义 404	

续表 　　　　　　　　　表 6.2　网站价值备忘录

网站速度	可用性
桌面速度 移动速度 服务器级别 网站级别 网页级别 公司实体级别	网站运行时间 截图 索引录入 可用性——用户 /Bot 病毒 内容包含项 / 排除项
建筑 / 导航	设计
可读取 / 提供替换性文本 / 要求 逻辑顺序 / 优先 / 直观 / 常识 所有内容访问 最小化点击 / 获得最终结果所要求 的用户操作 逻辑定位 用户驱动型 / 友好型 包容性 清除功能 / 期望（关于悬停、点击等） 信息简洁 数据和用户驱动 优化 / 超优化——用于用户 / 搜索引擎（两者兼具） 明确主要话题 / 主题 / 纳入标准	响应 最佳做法 可读取 可访问 优化的 用户友好型 / 驱动型 有目的 / 理由 独特的 / 有影响力的 品牌规格 角色驱动 支持用户之旅过程 / 体验 参与 / 混合内容类型 / 社交 / 可共享 / 可链接 使用期望 / 所期望的最终结果

接下来，我们会考虑用户价值矩阵。

表 6.3 用户价值备忘录

可访问性	沟通
W3C 合规性 跨浏览器和设备兼容 打印 / 使离线友好型 flash 可替换性文本 / 视频 / JavaScript 内容 内容描述性编码（包括替代性 文本） 可调整（字体 / 样式） 屏幕阅读器兼容 HTML 网站地图可用 网络就绪（颜色 / 样式……） 内容压缩（无论连接速度如何，均 可下载） 优化 / 截取 / 可编入索引 / 结构	易于分享 / 简易信息聚合（RSS）/ 社交媒体就绪 参与 / 鼓励性互动 清理"外卖" 省略性可读取 推荐 / 易于发现 编造故事 / 销售原创意图

续表　　　　　　　表6.3　用户价值备忘录

内容	旅程
首先显示 最重要的内容清晰度和层次感 以各种形式进行摘录 最好的可用例子／想法和行业领先 最新的／最近的／热门的／季节性的 准确的／相关的／由事实支持 可靠的／周到的／仔细研究过的 独特的 统计数据的使用 长格式／具有深度的价值 种类（内容类型和反映信息的用户阶段、购买漏斗） 可用的（而不是隐藏的、受损的或不可用的） 提前计划好的／定期的／可重复的／循环的和预期的（时间框架等） 设计／风格／一致性／可预测性	能够进入网站（网站结构元素以及其他自然的内部链接）相关领域的独立信息中心 所需的最少的额外用户操作 用户指导／说明 帮助／支持／解决问题 鼓励下一步操作和其他内容 摘录和推动过程

续表　　　　　表6.3　用户价值备忘录

观众 / 人物	人群需求的满足
全部包括在内（陌生感 / 教育障碍和行话） 由目标用户识别 分解为目标 真正的语言变化 / 语境 / 区域主义 为了所有观众的安全（相应保护） 针对性的定位 / 解释 / 全球 反映搜索者 / 行业 / 主流趋势 娱乐 / 吸引力	存在主要和次要内容标准 访问外部主题内容 作者 / 真人 / 专业知识 / 品牌 便于评论 / 反馈 / 用户生成价值 / 调查 / 表格 回访 / 完善 / 改进 / 更新 提供返利的理由 网页 / 内容可用性：测试、完善和改进 通讯测试（A / B、拆分、多变量和其他）
命题	
受用途 / 目标 / 目的 / 理由的驱动 为观众 / 角色而创作（音调 / 风格 / 音高） 提供有意义的东西	

　　在这一点上，我们考虑了一些用于搜索引擎优化的传统备忘录信息。有些仅在 Google 排名算法（直接因素、因果因素）中，所要考虑的就超过 200 项内容，这还没有算上所有相关信号和其他领域，但是这些备忘录项对与搜索引擎价值直接相关的一些核心考虑因素，有一个总体的概述。

　　下面的示例备忘录中的页面上的 SEO 的解释，是与该页面有直接关系的相关内容。

表 6.4　搜索引擎价值备忘录

网页上	网页下
元数据 / 标题标签	商业 / 服务 / 品牌 / 实体信号
标题 / 结构	相关页面功能 / 引文 / 共引
图像替代文本 / 命名约定 / 压缩	评论 / 信赖 / 用户
唯一性 / 增强	反向链接：
网站准备好的内容 / 编码 /Flash 和	现有的 / 新的 / 潜在的
相关项目的设计和备用	直接连接 / 功能齐全 / 优化
内容（深度 / 价值 / 唯一性 / 权威 /	最佳做法 / 算法 / 惩罚、多样的和
意见 / 专业知识 / 差异 / 类型 /	相关的
故事……）	自然 / 社会 / 公关
混合媒体 / 媒体 / 信息摘录	锚文本 / 周围内容 / 其他
截取 / 发现 / 索引	监测 / 跟踪 / 参与
可访问性 / 合规	社交媒体 / 公关 / 推广
功能性 / 可操作性 / 理解	声誉管理 / 其他

续表 表6.4　搜索引擎价值备忘录

主要 / 次要 / 周围 / 用户生成的内容	位置 / 社区 / 对话
背景 / 同义词 / 差异 / 预期……	技术发现 / 修复 / 丰富（链接 / 相关页面功能 / 引文……）
可识别和可认知的信息类型（导航、链接、样式等）	事件 / 趋势 / 季节性
深度 / 价值 / 目的 / 理由	多渠道整合
标题状态准确性 / 自定义 404 / 错误处理 / 相关项目	
固定链接设置 / 结构 / 主题 / 关键字 / 差异 / 相关性 / 期望	
用户 / 受众 / 人物焦点 / 优化	
速度 / 性能	
设计 / 可用性 / 逻辑	
技术健康与维护	
建筑与导航	
安全性 / 合法性 / 地址 / 联系方式 / 信任	
模式 / 丰富网页摘要	
链接 / 定位 / 相互作用	
内容和链接最佳做法 / 算法 / 处罚	
主旨 / 关键字 / 主题	
数据整理 / 跟踪 / 智能	
质量 / 改善 / 调查 / 表格 / 反馈	
用户帮助 / 帮助 / 问题回答 / 故障消除 / 支持	

续表   表 6.4   搜索引擎价值备忘录

垂直搜索	移动
新闻 博客 地图 图片 视频 整合（即知识图、答案、社交和其他）多通道和整合/放大	友好型/可用型/兼容的 优化 过程 速度/性能 内容交付和组织

最后，我们来回顾一下商业价值。这些通常讨论得不多，但在基于价值的矩阵中，有明确的要求。

表 6.5   商业价值备忘录

目标/目的/基准	定位/品牌/服务/产品
网页/网站/内容/优化/操作的目的 在线领域的定位/数字空间 所使用的计划和策略的目的 清楚决定成功的预期结果和指标 分析当前的作用及状态 现实和理想的最终结果 微观目标和宏观目标的识别/跟踪/完善 网站作为实体单位的性能 页面、片段和网站性能 必需的、需要的和自我需要 为行业/受众提供的收益 调整和最大化营销渠道 建立信任、权威和关注 全天候通用业务访问 教育、澄清、神秘化和消除知识障碍 搜索引擎、用户、网站和业务价值	提出独特的商业主张 最大化（不受限制）位置/物理性 设置一个音调、信息、房屋风格和可识别声音 完善你的位置、品牌、服务、产品信息 向相应领域添加一些新的内容 支持/分享商业价值和文化 提供一致的品牌（标志、风格、设计等） 比较、回顾、分化 完整的信息和采购渠道覆盖、意识和目标 社会监督、覆盖面、参与和影响 公关/品牌/信誉的监控、覆盖、参与和影响 合法性

续表   表 6.5　商业价值备忘录

数据 / 完善 / 改进	返利（基于指标 /ROI）
设置数据收集 实施数据完整性和完善过程 建立有效的挖掘数据方式以便做出 决策和采取行动 从与目的、目标和基准（主要）相 关的数据建立报告 使用上述内容来鼓励和支持改进 监测、基准、预测和改进 生成调查问卷和反馈意见 网站搜索（流行度、趋势、差距和 机会）处理、存储、信任、保护和 安全	虽然这些内容始终与目的、目标、 计划和基准相关（至少部分），但 SEO 中出现了许多一致的指标， 在下面会对其中一些指标进行详细 描述 显示（所有相关搜索类型） 流量（许多 / 所有相关细节） 微观目标的实现（任何有助于实现 网页价值的内容） 宏观目标的实现 品牌 / 非品牌 在线 / 离线 性能改进（网站 / 搜索 / 感知 / 实 际 / 用户 / 商业……） 竞争（比较收益） 获得机会（实现潜力） 电子商务终端结果（传统销售盈利） 重复操作和未来收益（重复 / 返利 指标） 有目的的数据整理 用户生成内容 覆盖、意识、分享和联合 注册（通讯、指南、电子邮件列表等） 网站质量改善

需要问的问题

简化的备忘录的大部分内容，都是建立在本书前面已经提及的术语和策略的基础之上。采用这种方法的原因，是备忘录本身需要定期检查、调整和修改。只有当你有能力提问时，这种方式才可能实现。

你需要提出以下几个问题：

1. 你为什么要完成这个操作

如果你为你的策略添加新的策略（操作）的唯一原因在于它包含在你的清单中，就需要质疑其包含的原因。如果你有一个团队负责添加清单，或者当你通过委员会创建清单时，有可能清单中有一些项目已经被处理掉，并且有的资源或是时间（预算）已经受到限制。你想确保每一个操作都是有意义、有价值的。

2. 上次这个操作的影响是什么

当你实施需要记录、报告以及审查的策略时，策略性交付的重要部分在于了解发生了什么以及其中的原因。任何备忘录交付领域的重要部分，都是对操作进行优先排序的能力。

3. 下一步是什么

SEO 应该是永无止境的，优化意味着要做得更好。你应该不断问自己"我下一次应该做什么"，你不应该通过以备忘录结束服务的方式来限制自己的创造性。请记住，这些备忘录是提供基于价

值的搜索引擎优化方法的起点，它们绝不是用于完成（到达终点）
SEO的万能型指南。

4. 你想要实现什么，为什么

这些是你需要问自己的一些非常相关的问题。如果你只能在
回答这个问题时，才考虑基于指标的ROI领域，那你就需要考虑
一个更加全面的优化想法。

5. 你实现了什么

问问自己这个关于商业、受众、行业、领域和更广泛的基本
需求的问题。

6. "搜索乌托邦"是什么样子

它离你有多远？拥有对完美搜索场景的理想愿景，有助于你
打破思维的桎梏。如果流量和交易增加了50%，可以做点什么，
能否将这50%的比例提高到100%？100%的改善是否足够？总的
（完美的）机会是什么样的？

7. 你的受众（访客、用户、对话、反馈等）想了些什么

你参与的互动和收到的反馈有多少？人们隔多久会重新访问
你的网站以便获得更多信息？你如何才能自然地分享、可链接以
及吸引他人参与其中？

关键术语

1.SEO value checklist（SEO 价值备忘录）

以价值为主要目的，交付 SEO 策略的条理性模板方法，使得用受过程驱动的方法能够完成同一组基本操作，以激励重复的（预期的）结果。备忘录非常适合用于操作提醒，也被视为你的 SEO 价值目标组成部分的特定区域。

2.Matrix (value)［矩阵（价值）］

该部分使用价值矩阵的方式，是展示一组核心的特定元素（条件），从而可以创建和鼓励价值更大的基于价值的进程。该矩阵中包含的四个要素分别是网站价值、用户价值、搜索引擎价值和商业价值。

3.Excessive process (within SEO delivery)［过多的过程（SEO 交付范围内）］

这跟对一组可重复操作的依赖有关，如果超过了某个点，这些整合在一起的步骤就会有助于价值的增长。繁琐的过程可以通过许多条件来识别，包括有限的焦点以及对用于搜索引擎优化的战略、策略性改变或开发的不断规避。

4.Technical health and maintenance (website)［技术健康和维护（网站）］

从受损的链接和网页加载时间，到内容交付、促进网站获取和索引的能力，技术健康和维护是衡量、监测和改进网站总功能的能力、支持用户和提升搜索引擎排名的方式。

5.Website speed（网站速度）

用于单独的网页级别和总的网站级别的审核，网站速度是网站的最终加载时间（所有网页平均的加载时间）。网站速度作为影响 Google 排名的因素，有助于搜索引擎优化的改进，并被广泛地认为是移动、桌面用户和搜索潜在收益的重要推动因素。

6.Website architecture（网站架构）

网站的架构是信息的收集、显示、组织和标记（标注）的方式，以此提供网站内的逻辑顺序、层次结构和访问信息（内容）。

7.Website navigation （网站导航）

网站导航为访问者提供了网站的文字和（或）视觉提示，便于围绕网站的有逻辑性的移动并访问最重要的内容区域。除了最详尽的主要（基本）导航之外，大多数网站还有一些导航辅助设备。

8.Availability (website)［可用性（网站）］

网站可用性的时间比例，是网站运行时间和一年时间内有效加载的百分比。网站可用性（也称为"正常运行时间"）的目标应尽可能地大，最终目标为 100％。

9.Search utopia （搜索乌托邦）

这是在搜索营销中，所有的内容近乎完美的理想状态。尽管在现实中，这是永远不可能完成的，但是最好弄清楚什么样的情况能让你努力实现各种预期目标。

关键点

● 虽然在之前讨论的许多话题中，价值都是一贯的参考依据，但是到现在为止，本书都还没有为你提供有全面使用价值的实用性指南。

● 根据经验，在为搜索引擎营销创建基于价值的备忘录的过程中，需要考虑四个主要的内容：网站价值、用户价值、搜索引擎价值和商业价值。

● 备忘录自身需要被定期检查、调整和修改，只有当你有能力提问时，这种方式才可能实现。

第七章

建立关于 SEO 的内部
与外包的专业知识
——内部团队 VS 外包

学习成果

到本章结束，你将会了解你需要（向你自己或者代理机构）提出的最关键的问题，并通过建立决策树来帮助你找到最适合你的 SEO 服务提供者。

首先，非常有必要澄清什么是外包。简单来说，本语境中的"外包"是使用外部供应商的服务的行为，提供服务的很可能是一个机构，但也可能是顾问或者其他类型的专家。

你可以把方案或者服务中的一部分外包（在 SEO 领域中，例如你可以把诸如分析和推荐之类的内容外包出去，而选择用你自己的开发人员完成执行）或者全部外包。两种形式的外包都有优缺点，正如内部交付的 SEO 也存在正反两方面的情况。

相反，内部交付是指在没有任何外部（外来）支持的情况下，所进行的 SEO 交付。可能是你已有的内部资源来进行 SEO 服务，或者需要新的资源（人员）来完成新的需求。

你应该问的问题

一个公司、企业或其他实体做出需要搜索引擎优化服务的决定时，首先提出的并具有挑战性的初始问题是他们需要得出一个初步结论，即是否使用内部团队建立 SEO 或者使用外部机构、专家和顾问的服务。

在没有特殊压力且能实现最优价值的情况下，本章将使你高效地完成本过程。

在这部分中，我们的重点是如何正确地提出问题。

可以想象到，通常提出的问题并无固定的数量，但是为了在有限的时间和精力内，获得在本领域所需要的核心信息且做出精确的选择，下列这些问题是最重要的。

请记住，这些问题涵盖你需要向自己、你的员工以及外部供应商提出的问题。你需要提出的问题和向谁提出这些问题，都取决于此刻你的环境、需求和在具体问题上的考虑。

初始成本是什么

不管最终结果是什么，都会产生初始投资费用。当雇佣新员工时，初始成本可以与任何机构的费用进行对比，但重要的是理解，内部雇佣并不能与在利用外部机构的情况下雇佣整个团队（通常得有支撑长期结果所需要的服务水平）的成本形成一对一的对比。在陈述了上述观点之后，在你的公司工作的每个独立的人员，在传统代理服务之外的任何领域（通常将有一些不重要的服务，但是仍然能够提供一定的商业价值），可能都能够提供业务支持。

> 你认为在整个市场预算中，应该拿出多少（即多大比例）投入到搜索引擎优化中？

持续成本是什么

从本质上来说，SEO 没有结束之日。部分是因为收益结果、一直在变化的竞争和商业环境，要求持续的专业投入。你使用数字或者专业搜索机构（尽管我所说的机构也适用于个体顾问或者其他的外部资源）的服务时，假设服务一直不变（例如你不增加额外的服务、时间或者专业级支持），那么你能够自信地预测持续成本并将其保持下去。

如果在你的公司内部建立新的角色，持续成本就会变得较不清晰。随着内部人员获得的专业知识的增加，他们的薪水要求也会渐渐提高。每当销售季节变换，商业需要和需求的完成程度可能要求你投入额外的资源，在没有外部帮助的情况下，至少是在较短的时期内，增加或减少资源都是困难的。因此在考虑持续成本时，也有必要考虑成本所带来的持续收益。内部员工带来的投资收益与机构提供的收益（大体上）大有不同。因此对于任何投资，在此阶段你都需要考虑预期收益。

你能够利用什么水平的专业知识

每个人都是独特的，每个机构也是独特的，但是，在面对变化很快的全球市场时，你应相信你雇佣的人员（直接地或间接地）一直位于行业前沿。

如果对于 SEO 的所有方面，你都依靠单个个人（此处我所指的事实是，刚开始使用的中是单个内部专家提供的 SEO 服务，而不是整个团队的专家提供的），就会增加一个新的风险元素。单个个体的交付

将使得保持自我挑战非常困难，从而落后于行业发展，这也使得自我
审视或者支持性搜索文化的主动激发变得困难。

在创新和知识分享的环境中工作时，人们的专业知识很可能会更
有效地得到深耕并在鼓励下继续增加。内部团队并非不可能，但肯定
有较大的挑战。

> 客观地测试你所利用的专业知识以及在更长时期内如何对其
> 进行监控（即重新测试）。

内部员工经验的多样化程度如何

你在内部团队工作时，就有机会让你自己沉浸在你的业务、你
的细分市场和你的客户群之中。对自身业务的深度理解本身将变成
竞争优势，但是行业知识的多样化，也能够提供新的机会，并提供
持续的动能以支撑更长久的成功。

内部团队可以带来交叉行业的知识财富，但是，与开展过数百个
项目的典型专业机构所带来的潜在收益相比，是无法匹敌的。

针对这些问题，不管你目前的需求是什么，都有必要做出权衡。
对于高度细分、需求明确的业务，可能非常集中的经验比多样化的经
验更有吸引力。对于其他（更普通的）市场细分来说，任何利用单一
市场细分的经验带来的收益，都不太可能超过由多个市场细分的专业
经验所带来的收益。

雇佣的人员与我的业务整合程度如何

在组织中雇佣人员，也就是说你向他们进行了投资。假设投资是明智的，可以预期的是投资带来的业务收益大于对他们投入的投资成本。这方面的例子包括他们给你带来了什么公司文化，或每日他们带进办公室的个人品质（对他人和公司在超过他们个人角色的领域中带来的支持）以及更多。尽管外包服务可能提供这些非服务性质的整合价值，但是对于外包人员来说，内部员工的这些特点更加普遍。

交付服务的可靠度如何

在提供服务时（和所有这些问题一样，我为专业化设定了一个基础水平），一个机构的核心优势是路径的一致性。这来源于一个假定，即机构在他们的专业领域非常擅长，且机构对提供重复服务和跟上行业需求方面，有专业水平的分析。机构通常都有非常具体的培训、发展、评估标准和与同行对比的机会，并在整个团队和公司范围内，通过持续分享知识和所需的专业技能来持续提供专业服务。

无论内部团队的个体有多优秀，你都需要考虑病假、休假、个人发展和态度等因素（单靠一个人的话将会造成在态度和服务水平上的高低起伏），以及其他领域的诸如更长时期的满足感、奖励和低落期。

我需要付出多长时间

提出这个问题，我是在挑战我自己的根本信仰，因为 SEO 应永不停止。但是，对于任何一个商业实体而言，都有必要对任何付出做出预估，并经常进行限制。有些公司通过签订短期雇佣合同能够有效地开展工作，但有较高的员工流动率。这种类型的招聘，对于真正的人才和专业来说，不太可能吸引（留住）最好的人才。

相反，在外包模式中，从一开始就可以对付出多少进行设定。合同协议通常包括了一些形式的时间付出（不论长期或短期），更重要的是这一切从开始就是设定好的，且已取得各方的认可。各方都有一个投入设定，就是要求集中精力、交付结果且对目前的目标保持热情。

你认为 SEO 交付的成功与否需要多长时间去评估？

如何召集正确的人员

招聘正确的人从事新的工作，是一个困难的挑战，特别是工作本身对你的公司来说也是新的。从招聘阶段制定正确的工作描述、提出最好的问题到提供培训、支持和发展，招聘的人员需要成长且保持他们的技能水平，把一个新的专业带到公司里，是有挑战性的。

找机构也是一项艰巨的任务。由于 SEO 是一个细分专业，对机构进行面试的任务将提高你对自己的需求的理解程度，并且降低你找到正确的机构以满足你业务要求的能力。

陈述完以上内容，应直接对能提供产品的顶级机构进行评估，从而获取非常具体且定制的内容，并针对那些难懂的术语向员工进行详细的说明。

通常来说，如果你想要跟中介机构合作，那么在一定程度上，至少是基于你在中介机构的营业点所遇见的人对你本人和你的业务的了解程度，还有就是他们对你所遇到的问题（与服务、行业或是机构本身相关的问题）的处理方式。

对于潜在的机构，最好是制定精细化的列表，并在工作中交流、沟通和约见，这样能够更加了解他们的文化和提供服务的人员。

我需要控制多少

当你决定将外包或至少是把一部分控制权交给另一实体时，你要通过内部招聘来选择全盘控制人员和服务的交付方式。

在此领域需要提醒的是，如果你确实决定进行内部招聘，且把对服务的控制作为一项利好，那么你对于直接运营 SEO 服务，就应非常慎重。当你雇佣外部专业人员时，这些专业人员需要有能力应用相关的行业知识，且对交付中的大部分内容拥有主导权并负责。

不要忘记外包通常是参与、合作和共同控制的平衡。很多情况下，在最适合你的参与水平和控制水平的条件下，一个机构乐于开展工作，这样就创造了一个互相尊重的工作环境，且能更好地鼓励双方利用知识（可能是把你的行业细分经验和机构的专业知识相结合）。

成功是什么样的

这种类型的问题，是针对你所选择的将来一起工作的人员而言的，可以帮你了解对未来的期望和他是否务实。无论如何，重要的是什么人和你一起工作，他们是否理解你期望实现的目标，是否有能力对成功的指标提出挑战（合适的情况下）和带来额外的利好。

> 你采取什么措施来决定某些东西是否对 SEO 有效？

研究和开发需要投入多少时间

重复且保持有效的内容，在交付重复结果时，非常有效。在任何市场领域中（包括数字市场），有成功经验的每个人都会想起创造成功的核心元素，并为获得更长时间的收益、创造性而对其经验重复利用。

随着行业变化、竞争的演变，战术也必须做相应的改变。在机构环境中，行业的广度、所从事的多个项目、协同工作和创新思考所需要的专业知识水平等，能够支持研究和开发。研发被放进演变的搜索市场战略中，为路径和创新的精细化提供了长期的动力。

相反，正是由于时间成本高，比起机构的专业工作环境而言，内部工作的性质更加一般化，若想专门拿出时间进行研究和开发，也将会变得非常困难。总之在更长的时间内，优质服务交付所需的研究和开发水平，需要获得优先权。

有没有保证

当有人问起 SEO 是否有保证时，基本上所有的答复都是"没有"。这是有原因的，我将在下面解释。但是现在让我解释一下我为什么说"有"。

当你雇佣一个有名气的、有经验的、有想法的专家（不管是内部的还是外部的），你就可以保证他们会给你的网站带来价值。

不要寻找一个有保证的结果（例如在六个月时间内保证在 Google 搜索引擎结果页面上占据一定的位置，通常这些页面都是少数激烈竞争项目中的第一位 ）。如果某人向你提供保证，你应该尽全力避免。

通过案例研究、获得奖励、从业时间、与专家的电话交流和其他方面，对潜在机构的表现，你可以充满信心。当雇佣个人时，通过与其之前的雇主交流，你可以获得一些自信，尽管这些信心的建立不如建立对机构的信心那么容易。

链接构建是怎么样的

在向你的网站带来推荐流量、增加品牌认知度以及支持普通域名方面，对于任何 SEO 服务来说，链接是必须的。很少有公司（有一个例外，该公司有广泛的供应链或者非同寻常的外部支持商业网络）能够开发、开展和一如既往地管理有效的链接建立活动。大品牌不考虑在内（在搜索引擎优化方面，很多规则和讨论不适用于大品牌），尽管大多数公司都是这样。

其中一个原因是专业的链接建立，需要花费大量的金钱、大量的联络精力、大量的时间、大量的资源和大量的精力，且收益常常没有保证。

链接能够提升信心指数，带来流量、知名度和销售收入，并且能够变成可见的投资收益，但也能带来负面算法影响和惩罚。链接建立的优良意味着在大多数情况下，你将需要深度的专业知识以及一个合适的团队，且在领域内投入的时间和金钱能够带来收益。

如何决定专注于做什么

这个意义上的专注可能是产品范围、关键词或者其他任何与你的网站相关的东西。如果人们选择做出搜索引擎优化的决定，就打开了一扇机会之门并带来希望。如果不这样做的话，就不可能带来这些正面的影响。

按照这种类型的谈话方式，一个外部机构如果有更多的经验，且以多种方式引导对话的走向，就能做出更大的贡献。这就需要在客户、活动和日常使用的专业资源上进行优先度分级，从而使机构能够高效地帮助你选出正确时间内的关注点。初始阶段选对持续的关注点是一个重要的方面。

在这一点上，内部员工非常擅长，同时却也增加了风险。因为公司内部的团队或专家，更多地受公司路线和关键员工的影响。特别是小型和中型的公司，这种情况就更加明显。因为这样的话，公司的董事会、创立人和其他决策者在公司所有的战略中所做出的决定，都有非常大的影响力。特别是重要的事务，对执行人而言，别的建议替代路径就会非常难走。

风险是什么

任何决定都会有一定的风险，同样，决定选择内部团队还是外包，也不例外。

外包时，你需要选择正确的机构。通过参阅评估、考虑机构的成立时间和名声，与提供服务的人员见面，从而降低诸多风险。

阅读你考虑合作的机构的博客、与其电话沟通都是非常好的起点，也是了解该机构是否适合你公司的有效途径。要求与有意向的客户交流，能够帮助双方互相讨论各自的观点。况且这些用户都已经经历过你现在正在做的事情，这样便于各自最后做出正确的决定。这对消除当前存在的担忧是有用的。毕竟你做出决定的时间越长，在真正开始做时，你需要收复的线上竞争的失地就越多。

招聘人员也有一定程度的风险。如果你把所有的要求都集中在一个人身上（与机构中的专家团队相对），并且期待此人不仅能够有效地提供 SEO 服务，还能够在其他领域做出贡献，那这样的风险会更大。

还有，他们和其他员工相处得如何？他们能否融入你公司的文化并且增加价值？他们可靠吗？他们会在你公司工作多久？在 SEO 方面他们高效吗？他们在实现结果方面的声誉如何？

招聘时，降低任何现存的担忧都更加具有挑战性，另外，加入你公司的人员也有自己的担忧需要克服。

排他性重要吗

当你在内部团队中增加新成员时，虽然这个新成员仅仅是为你工作而已，但你能否有信心让他全身心地投入呢？

当你与机构合作时，很可能这些专家不会单纯地只为你的网站进行推广（除非你是企业级的用户，并且有很大的预算）。

在此阶段，你需要平衡的是专家只把注意力放在你的网站带给你的收益大，还是你从别的专家型知识和经验中获得的收益大。这虽然不是所有的问题，但是跟大多数问题一样，对内部员工和外包员工而言，他们不太可能一直考虑盈亏的问题，而更可能考虑的是根据你当前的情况哪种方法最有效。

沟通耗费的时间

你把一项服务外包时，总是要花时间去解释、重复沟通甚至出差到外包区域。而内部交付虽然并不能完全消除掉这些工作，但会大大降低这些工作量。当然，在解释中不仅花费了时间，也投入了精力，但这并非是无用功。外包上的沟通通常都是出于礼节业务需要（理解未来的时间和业务收益），或者对现状的理解（仅限于在短时间内且毫无商业价值的内容）。

对沟通造成的时间耗费的变通方法是外包多项业务，这样的话，就可以把多渠道服务进行相应的整合。

整合工作的优点是节约大量的时间。专家们习惯于在一起工作，并且整合工作带来的结果远远超过独立工作交付的价值。负面因素，就通常取决于需要的投资水平和对第三方的业务的依赖程度。

> 理解并完成了什么工作与采取的行动带来的结果，你认为一样重要吗？

专业知识会过期吗

专业知识是常用常新的。保持你最好的专业水准，就需要不断地挑战自己，能够对想法展开讨论且花时间学习（事实上是不停地学习）。机构使得这些变得非常简单（从我已有的经验来说）。

在公司内部交付方面，想要保持最好表现的挑战更大。最根本的原因，就是在这个领域施加个体压力以促使其自我激励，加上公司内部其他补充性角色（在小型公司、中型公司中，大家都一起干活，因此这种情况更加普遍），这就要求他们承担更多（且经常是非专业的）的额外责任。

内部雇员如果是专家，就没有通过同行挑战、讨论或者频繁的交流来更新技能的机会。人们倾向于把时间放在首位，最先失去的就是为保持专业最高水准所花费的时间。

行业变化和发展的步伐，都要求大量的时间投入。即使耽误了几周的时间，在领域内也会成为提高能力的投入资本。

我如何了解 SEO 是否有效

问此问题时，很多人可能感觉不舒服。因为这会让人感觉，提出问题的人和回答问题的人之间存在清晰的知识差距。其实这与事实相去甚远，不管你选择内部交付 SEO，还是机构（外包）SEO，你都需要搞清楚成功和失败是如何定义的、成功看起来是什么样的和你如何保持成功之路。

报告、一般沟通和进展反馈，这些在你决定如何获得服务前都有必要理清。

如果你增加一名新员工到你的团队中，他们需要知道自己是否可以胜任此项工作，因此在这一点上，他们希望像你一样去弄清楚。

一个机构通常也想和你建立一个获利的长期关系，因此有效的沟通对达到这一点是至关重要的。通过机构提供和内部雇佣这两个渠道，双方都会进入到理解事情进展的阶段（并且是在不用询问的情况下）。

我需要多少人

这类问题很少得到答复，但却是非常重要的问题。按照项目的规模、业务的大小、市场的竞争水平和许多其他因素，答案并不相同。如果你仅靠个人交付 SEO 项目，在搜索市场上，一场全国性的活动不太可能发挥其在搜索市场的潜力。

在一个典型的搜索引擎优化活动中，很多相异的专业都在发挥作用，包括内容、技术、社交、开发（设计）、创新性、促销以及传统的 SEO 专业知识。单靠一个点的专业来为所有专业领域提供最好的服务，这是不太可能的。

对于一个小公司而言，它基本上是非竞争企业，在单个区域或者几个点运营，个体就能够很好地对其提供服务。这时候面临的问题是雇佣一个全职员工还是兼职员工，或者把人员的工时数外包到一家外部机构。

我们怎样获得正确的内容

搜索引擎优化离不开内容。这不仅表现在页面的词句上，还表现在每种类型的内容、广告、图片和其他更多的内容上。内容对 SEO 的成功是如此的重要，以致其必须贯穿整个战略。

你有内容作者吗？你如何决定写什么样的内容？你更新内容的频率有多高？内容被更新后，你如何利用这些内容？你如何确定你更新的内容是有效的？

你可以把内容外包给机构，但肯定需要成本。就算你可以决定自己更新的内容，在内部交付上也要有能力付出时间、资源和可能的成本（更长时期的有效的在线活动需要内容，而你能够创造的内容的质量和数量还需论证）。

　　如果你在内部交付上已经工作了相当长的时间，每天抽出时间以保持行业最高水平容易吗？在更长的时间内，这种类型的任务是要优先于其他工作。

内部建立 VS 外包决策树

　　表 7.1 向你展示的是本书前面部分所涵盖的决策树的主要组成内容。以此种形式把这些因素展示给你的用意，是让你决定在你决策过程中哪些项目是重要的，哪些是不太重要的（另外，在你的选择中，哪些可以完全无视的）。

　　基于对重要性的假定（对重要性提前量化），传统的决策树可以让你达到预测的最终结果。这与让你自己决定这些标准的重要性相比，我认为这种方式不太有用。

　　对行动背后的原因提出问题、避免由于预设的假定而忽视逻辑，是本书的基本立足点，且和以下的决策树（省略了预定的结论）保持一致。

表 7.1　内部建立 VS 外包决策树

选择你的 SEO 提供者

1. 初始预算

增加任何服务都需一定水平的预算，如果预算小于最低成本，机构将成为仅有的可能的最终决策。

2. 持续预算

和初始预算类似，对新员工的持续投资的最低水平将可能超过对机构的投入。

3. 专业水平

大部分情况下，专业水平和通过的预算直接相关。

4. 经验多样化

部分和专业水平相关，但也受到专家数量、活动的数量和更多其他因素的影响。在多样化上，内部交付不太可能匹敌机构。

5. 与业务的整合度

传统外包的性质，意味着在整合度上（包括文化等领域），与你一起工作的外部人员不及公司内部人员（肯定是从最初开始）。当然，与机构更长期的合作关系，可以挑战这一点。

6. 服务的可靠性

路径的一致性与个体相比，机构更加可靠。如果把该领域内所有需求都加诸到单个个体身上，与外部团队比起来，风险就可能会更高。

7. 投入

SEO 在绝大多数情况下，都应当作为长期投入。但是，与外部结构达成合作的最低服务交付时间框架的投入比起来，经过进行新的招聘，投入的时间会更长。当然也有例外。

表7.1 内部建立 VS 外包决策树

8. 正确的人员

与内部招聘相比，通过外包找到正确人员时存在的风险可能会大大降低。如果是第一次招聘一个新的专业的人员更是如此，在做出决策的过程中，这主要和外部挑战相关。

9. 控制

通过招聘人员，可以实现更加全面的控制。要考虑的是，施加控制的能力是正面的还是负面的因素。

10. 成功

不管是可利用的任何内部的或是外部的资源，在对成功的理解上是相同的。通过机构增加的潜在收益，可以对成功参数和经验的应用能力提出疑问。

11. 研究与开发

对之前达成成功结果的路径重复应用和对有效的工作开展非常有帮助，但是长期的成功要求强调研究和开发。这就更加剧了对内部交付的挑战，尽管并非是不可能的。

12. 保证

对于将来的表现，与招聘新员工相比，外包所能获得的信息更容易，也可能更明显。在大多数情况下，传统的保证对这两种选择都是不可能的，但是降低其中一个的要求是可能的。

13. 建立链接

建立链接时，挑战的多样性意味着大多数情况下，你需要深度专业知识和一个团队来交付链接收益。

续表　　　　　　　　表 7.1　内部建立 VS 外包决策树

14. 专注

内部交付当然可以实现有效的专注，但是机构在选择正确时间中的正确的专注点时更加高效，并且能够给现状提供外部挑战（需要时）。

15. 风险

外包和内部交付都有风险。为达到预期结果，任一选择都要承担一定的风险。

16. 排他性

需要在专门因你的工作带来的收益与外部团队更广泛的专业知识和经验带来的潜在价值之间进行平衡。即使对于你能够带来的实际价值定制需求，你也需要考虑排他性。

17. 时间损失

你外包服务时，将会花费一定的时间解释、重复沟通以及出差到其他区域。使用内部招聘资源，在大多数情况下可以降低时间损失。

18. 专业知识过时

专业知识也要常用常新。保持你的最好专业水准，在于你需要不断挑战自己，能够对想法开展讨论，且花时间学习（事实上是不停地学习）。机构使得这些非常简单，内部交付却并非如此。

19. SEO 有效吗

通过机构提供和内部工作这两个渠道，双方都会进入理解事情进展的阶段（并且是在不用询问的情况下）。但是，我认为此过程对机构而言，却更加容易和高效（当然是 SEO 作为公司的一项新的服务）。

20. 人员数量

在一个典型的搜索引擎优化活动中，很多相异的专业都在发挥作用，

续表　　　　　表 7.1　内部建立 VS 外包决策树

包括内容、技术、社交、开发（设计）、创新性、促销以及传统的 SEO 专业知识。基于这么多的变量，你的需要多少都会有所不同。

21. 正确的内容

内容对 SEO 的成功是如此的重要，以至于其必须贯穿战略的始终。重要的是，需要认真地考虑关于初始内容和持续提供内容的关键问题，并决定最好是通过内部交付或者是外部支持来实现。

关键词

1.SEO outsourcing （SEO 外包）

此商业决策是关于通过使用外部服务供应商来提供搜索引擎优化专业知识。决策的部分标准常常是外包专业知识所减少的初始成本和持续成本。外包可以是整个搜索方案、所有领域需要的专业知识或是一个更宽更全面方案的一些方面。

2.In-house expertise （内部专业知识）

与外包专业知识形成直接对比，内部专业是指在不依靠外部供应商的情况下，通过获取专业知识来满足服务需求。这可能包括在现有的员工基础上增加新的技能，或者在组织中增加新的专家人员。

3.Agency （机构）

典型情况下是一个搜索市场、数字或者其他形式的实体，如果一个机构是专业服务供应商，就按要求交付搜索引擎市场专业知识。

4.Consultant (Search)［顾问（搜索）］

一个专业搜索市场（SEO）人员基于在搜索引擎优化领域（SEO）获得的知识来提供专业建议。

5.Initial costs（初始成本）

开始一个项目（此处指开始 SEO 服务）时的启动或预付费用。

6.Ongoing costs（持续成本）

运营费用或持续费用，是指为持续一项服务或维持一定水平的服务所需要的重复成本（费用）。

7.Link building（链接建立）

链接建立或链接获取，是指获得或者提高外部链接（在最常用意义上），能够支持搜索引擎排名的收益以及其他想要达到的结果，包括从一个网站到另一个网站的推荐流量。

8.Decision tree（决策树）

传统形式的决策树是基于一套预定的可能选择，通过逻辑方式表达一系列行动。决策树的潜在目的，是自始至终根据逻辑进展场景，提出固定数量的备选方案，从而解决问题。决策树可以包括一定数量的补充信息，这是为了帮助用户从所需阶段到最终选择上取得进展。

关键点

● 一个公司、企业或其他实体做出需要搜索引擎优化的服务的决定时，首先提出的具有挑战性的初始问题，是他们需要达成一个早期共识，即是使用内部团队建立 SEO 专业知识还是使用外部机构、专家或顾问的服务。

● 需要提出的问题并无固定的数量，但是为了在有限的时间和精力内，获得所需要的核心信息，且在本领域做出精确的选择，本章提出最重要的问题供思考。

● 表 7.1 向你展示的是本书前面部分所涵盖的决策树的主要组成部分。把这些因素以此种形式展示给你的用意，是方便你在决策过程中，决定哪些项目是重要的、哪些是不太重要的（包括，在你的选择中，哪些可以完全无视）。

第八章

搜索营销成功的
可能性评估

学习成果

本章关于搜索营销成功的可能性评估，是对成功的可能性进行有意义的衡量，并统筹全局，创建一个长期的搜索营销计划。读完这一章节后，你将更容易地认识 SEO 和搜索机会，帮助你规划自己的搜索目标。并可以根据自己的搜索目标来查看搜索指标，为搜索营销创建自己的长期规划。

制约因素是搜索成功的非常大的限制之一。在范围、创造力和长期规划方面的制约因素，都阻碍了通过搜索引擎营销来获得更大收益的潜力。

打破媒介的桎梏

从目前的形式来看，当谈到 SEO 时，在很大程度上延伸了其传统的、单一的目的，也就是最大化搜索引擎的机会，发现并给出网站（页面、域和关联项）的排名以及考虑与你、你的企业和你的网站互动的最佳性能。

以下重点介绍了"SEO 和……"。其目的是为了表明 SEO 是如何自然地叠加、如何有效地与其他形式的数字专业进行互动，并不断被完善的。目前，我已把这种媒介的强度限制在特定的领域内，其范围可能已扩大到包括一些附加项目［如 SEO 和用户体验 (UX)，SEO 和电子邮件，搜索引擎优化和转化率优化］。

当人们谈到搜索引擎优化时，打破媒介的桎梏有助于扩展你的思维，使你本能地能够到媒介之外进行思考。

在这一点上，我们应该考虑：

● SEO 和内容。

● SEO 和社交媒介。

● SEO 和点击付费。

● SEO 和设计。

SEO 和内容

覆盖面最广的互利数字关系，是 SEO 和内容之间的关系。每一个 SEO 活动都需要正确的内容，且内容不能仅仅依靠质量来让目标受众群体观看。

1. 内容创作

在创作内容之前，你需要有一个目的和一定程度的信心，这种信心可使你所写的内容拥有实现其目的的机会。SEO 把数据放在了大多数决策的中心地位，以数据引导的思维和大量的数据访问来驱动决策，并支持有效的内容创作，但不仅仅限于与 SEO 相关的内容。内容创作必须是有效的，且跨越整体的受众信息搜索购买渠道。创作内容可以用来满足受众群体的需求、欲望和愿望，并通过关键的决策者来维持。内容不仅应涵盖所有的纵向搜索并向市场展示其独特的一面，也应包含与你的竞争对手所不同的地方。

2. 内容的质量

许多排名因素都与质量挂钩。对于 SEO 来说，内容质量是其取得长期成功的最基本要求。我们正处于一个内容创作比以往任何时候都多的时代，而这种内容创作背后的一个主要驱动力，就是实现数字化的需求。像其他人一样创作高品质的内容是远远不够的。因此，你创作内容的基础需要比其他人更好。衡量内容质量的标准，包括跳出率、页面时间、站点时间、浏览页面、用户交互、参与、共享、联合及其他很多方面。

3. 内容的关键词

内容需要包含清晰的主题。当我们谈论内容的关键词时，我们并不强调把关键词这一次要任务硬塞到内容中，而应该围绕一个有逻辑的主题来创建结构化的内容。关键词应该是扩展性的（非限制性的），可以用来提供一个结构化的赋有深度的价值，而非陈旧的搜索引擎操纵策略中重复使用的任何关键术语集。内容的关键词更有助于用户和搜索引擎理解内容。对受众群体来说，你需要使用人们实际使用的搜索术语（回到前面提到的关于不能仅仅为了可见性而依赖于质量的内容），包括同义词、词的变化和地域性（适用的地方）。

4. 内容的创新

无论你是否在寻找更多的免费通道来提高品牌知名度、保护网站免受负运算影响（处罚）或鼓励自然链接和社交公共关系，你都需要最新的、独特的、新颖的内容。内容的创新超越了内容的单独创作，并进入思想领导、舆论、新闻价值和信息领域。你应该不断地问自己"缺少了什么""还有什么可以说的""这是谁的内容"之类的问题。而作为内容的创作者，你有责任提供一些有趣而又有意义的内容。

5. 内容优化

为了优化某事物，你必须改善它并使之变得更好。搜索引擎内容优化的目的，是使得搜索引擎和用户访问到该内容，使人们可以快速加载内容，以各种格式做出明确的标记，以迎合大众群体的需求。同时你也要保证创作的内容包含赋有深度的信息，并使用合适的关键词，反映大众期望且含有明确的主题。内容必须没有错误，要有正确的编码，必须向访问者（无论是人还是机器人）提供意图信号。创作者应回顾数据并从中学习，不断改进内容，保持其新鲜感，并在人们的理解消化方面提高其价值。内容需要容易被搜索并得到更新，以确保其达到预期的影响（如果不是，就需要改变它）。

6. 内容的衡量

你需要衡量内容的影响力，并使其达到最初的目的。在这一点上，可能会涉及以下几个问题：

- 内容是否实现其所设定的目标？

- 内容是否容易被搜索到？

- 它对核心主题和目标短语有很高的评价吗？

- 通过内容来驱动网站需要多少流量？

- 内容是否促进目标的完成（转换）或驱动销售？

- 用户是否参与并与内容交互？

- 内容能够产生多大的影响？

- 需要使用的受众群体是否能搜索到其内容？

- 内容获得多少链接和社交共享？

- 一个网站的登录页面条目有多少是来自这个内容？

- 浏览这个内容的访问者是否看到了其他页面，花了多少时间在网站上？

SEO 和社交媒介

在这种情况下，我们正在寻找 SEO 和免费（相对于赞助、付费）的社交媒体。人们普遍认为社交共享、公共关系和一般性的噪声（意识）与促进 SEO 的成功密切相关。无论社交媒体平台如何，从社交媒体中获得成功的可能性会更大，通常也会获得更快、更广泛的搜索收益。但这种关系并非因果关系（即强烈的社交信号并不能直接促成 SEO 的成功），只要合乎逻辑，社交信号就是理解内容质量和价值的促进者，这与成功的 SEO 策略关系密切。

1. 社交发现

Google 利用每一个有效的途径来定位新的内容，并将其添加到搜索索引中。正如人们所预料的那样，将内容简单地添加到没有网络口碑（消费者或网民对品牌、产品等广告人关注的事发出的声音）的网站上，比添加到那些被广泛关注、评论和共享的网站上，更容易被发现。除了混有 Twitter 帖子和 YouTube 视频内容类型的社交媒体，还包括许多最突出和最有竞争力的搜索引擎页面，由此看出利用社交媒体发现内容的潜力非常大。

2. 社交公共关系

在许多情况下，来自社交媒体网站的链接是行不通的（并不直接从社交平台上链接到网站上），大量的共享、互动和参与提供给内容关于可信度、质量、价值等方面的指示。除此之外，在许多情况下，还能通过社交推广来扩大内容的可视性和潜在范围，将对传统的链接有很大帮助，这更有助于人们发现并接触到相关内容。

3. 社交内容

和其他社交媒体平台一样，微博平台也提供了对数据的实时访问。我们之前在内容创建的决策中，已经讨论过数据的重要性，而在鼓励更有意义的数据引导内容创建方面，其他数据源（在本例中也就是社交媒体数据源）也颇为重要。你也可以通过民意调查、一般社交互动和反馈，整理出独特的用户生成信息，这些信息有助于定制内容的构建。这种类型的内容构建的主要好处，就是你已经知道这是观众正在寻找的内容（正如你收集的直接数据告诉你确有此事），并且在许多情况下，你已经拥有了适当的关键词（因为它是由用户生成的）。这两个方面都是强有力的信号，因为你所创建的内容将更有效地提高搜索成功的可能性。

4. 社交再利用

你竭尽全力创建行业领先的内容时，就要确保此内容有很多成功的机会，并能长期提供重复价值。通过利用社交渠道（确保你要做得比 Twitter、Facebook、LinkedIn、YouTube、Pinterest 等更好），包括很多行业性的社交团体和未来主流渠道的挑战者，你可以将新鲜价值注入到现有的内容中。通过当前信息，在网站上的创造性分享、内容切分和内容类型的选择使用，你可以提供最新的讨论、互动、搜索和用户潜在的价值等。许多趋势、用户需求和解决方案都是有周期性的，这意味着当有效地使用同样的内容时，可以提供重复性的和可预见性的持续价值，并远远超出内容首次被添加到网站时的最初影响。通过将 SEO 进行基于数据的改良和创新思想的应用，可以改善预期的收益和投资。

5. 社交目标

当我们分析 SEO 关系时，一个共同的主线就是这些不同媒体共享的目标和相关指标的组合。常见的社交媒体目标包括提高可视性 / 到达率、用户参与度、流量以及流量使用的结果（微观和宏观目标的完成），这些目标都与 SEO 的目标一致。典型的搜索策略是通过利用

许多渠道的潜在价值，来达到总体的目标（如流量、目标完成、销售
等项目）。虽然个别媒体的运用仍非常重要（由于需要定制的改进方
法），但如果实现最终目标，多渠道的贡献就几乎总是超过单向渠道
的贡献。

6. 社交零售空间

考虑到一些更具竞争力的搜索引擎结果页面时，如那些由一些全
球最大的品牌主导的页面，或是一个更可行的短期和最初的途径，往
往是通过 Twitter、Facebook、YouTube 等选择性搜索渠道，到达目的
页面。除此之外，品牌和业务最强大的领域将提供额外的零售空间，
可以将自己的优势最大化。当你搜索一个品牌（作为实践中的一个例
子）的时候，在既定的、更小众的社交媒体平台上，如果没有商业账
户和积极的社交的参与，你将失去零售空间。

7. 社交诚信

在此意义上，我们正在审视跨越多个领域的完整性，包括向受众
群体提供有形的价值，用于解决创建内容的问题，创造受众群体所需
求的适当的内容类型，并使用额外的数据集（对于搜索引擎优化来说，
额外的数据集仅限于数据类型）来为你的业务创造独特性。现有的社
交媒体信息反馈，是以一个基于度量的最终目标为基础的，可以为你
的搜索营销增添新的更有意义的内容。

8.社交的实时性

收集实时数据并利用社交媒体的实时趋势，可以帮助你展开业务，具有涵盖许多核心业务领域的权威性。品牌、思想主导和一般领域权威的力量，可以在很多方面提高 SEO 成功的可能性。如果你的业务能够更早、更彻底地重复提供专家意见、观点和一般行业评论，就会更具有竞争力，更易于产生搜索营销收益（当你的搜索引擎优化方法支持数字化性能时）。

SEO 和点击付费

> 搜索引擎营销最不可行的一种方法是一种媒介与另一种媒介相抗衡。或者说一种搜索媒介要取得成功，就必须损害另一种搜索媒介。而事实并非如此。

部分原因可能源于搜索渠道产生的总流量、转换和其他聚合指标的百分比。例如，如果你从 SEO 中获得 25% 的流量，并且你在此基础上把流量增加到 50%，这就意味着其他媒体所占的份额将不可避免地减少，但被忽视的是，它所产生的总数额可能要大得多（即 200 万的 20 % 远远大于 1 万的 40%）。从销售这一点来看，通过重复预算分配，一种媒体的消耗量很少会从另一种媒体中提取，针对"我们应该投资 SEO 还是点击付费"这一话题，几乎在任何情况下，不论你有多少次参与，答案都应该是"两者"。

1. 支付数据

对于搜索引擎优化行业来说，从 Google 中移除大量的系统的点击后的关键词数据，已成为非常重要的游戏改变者（实际上是非常积极的）之一。支付数据可以让你通过 Google 未提供的数据，插入数据接入点。关键词对决策非常重要，收集的数据越多则越好。关键词数据可以提供付费、系统的操作、精准的战术和策略创新。但当与媒体分离运作时，则不可用。

2. 支付推广

对合适的受众群体尽可能频繁地使用合适的内容，这就是 SEO、付费点击和其他大多数数字营销媒体的主要目标。你开始利用一种（多种）不同媒体的益处来提高 SEO、付费点击的联合价值并克服它们的个体约束时，则可以大大增强其潜力。例如，细想一下与目前的受众群体配合恰当的再营销内容（一旦用户访问了网站上的内容，对于在外部网站上显示的重复广告来说，则可成为一个付费选项），并在新的领域（相关的外部网站）中以其为目标，从业务的范畴来看，这是不适用的。因此增加品牌的收益、社会信号和更广泛的搜索引擎权威，是付费推广和再营销的第二个好处。

3. 支付受众群体

在搜索引擎的使用和活动方面，搜索者已经养成了自己的习惯。有些人会点击付费广告，因为这可以作为一种购买力的信号和值得信赖的服务的标志。其他搜索者也会选择那些购买不到的系统的（自然的、免费的、赚钱的等）信息。SEO 广告可以传达相关性、权威性，并在搜索和登录高级网站时，以此来获得价值。事实上，如果你在支付和系统零售空间方面并不处在最高的位置，就会造成业务方面的失败。在通过 SEO 和点击付费跨越所有有效的可见性区域时，如果你越能减少这种损失，累积的业务回报就越大。

4. 支付首页面

大多数用户通常会点击搜索引擎的首页。在首页上看到的信息越多，你所得到的点击量（流量）的百分比就越大。作为最基本的形式，这种促进搜索引擎营销成功的点击的核心，是对 SEO 和点击付费的贡献。搜索首页的可见性和业务曝光度的增加，有助于网站获得更多的点击率、信任、流量和最终的搜索销售（转换）。

5. 支付积分

当你在付费媒体上做广告并通过 Google 搜索自己的内容、网页、关键词获得积分时，这个积分可以让你知道自己在这些领域中的价值量。高质量的积分将降低每次点击的成本，因此利用 SEO 改善你的内容、网页、关键词和整个网站评分，将减少相同费用的支出。这种潜在的定向奖励与直接储蓄，将成为搜索引擎业务的一大动力。

6. 支付限额

如果你给定的产品有效的利润率低于你的竞争对手的，并且双方都出价至最高且在同一水平上，你就无法有效地长期出价高于他们。针对不可行的点击付费条款、点击付费这一点，通过使用 SEO 来收集数据，并根据长期搜索引擎优化关键词做出决策，你就可以克服单一媒体的局限。我们将会在此书的这一部分中阐述，如何通过多种渠道营销来解决这一局限。

7. 支付优化

点击付费操作可以从 SEO 的最佳实践中（考虑 SEO 内容主题使用的策略、付费广告组的设置、结构等）获得大量的操作管理价值，且 SEO（特别是 SEO 页面技术）也可以从付费关键词数据中获得更多的价值。在从一个渠道传递到另一个渠道的操作过程中可以直接获得额外的优化操作，并能区分在线得与失之间的差异。在更精准的优化上，像广告更新（标题标签和元描述）一样，可以将操作从一个渠道传递（逻辑传递）至另一个渠道，以实现改进和完善的目的。

8. 支付归属

在本书中，归属仅仅是将最终结果与媒体关联起来。在 Google 分析和其他数据解决方案中，你可以看到多种渠道是如何相互作用以提供最终的结果的。从第一次的点击归属到最后的点击归属，以及其他点击归属的过程中，我们很明显地看到数字渠道并非孤立的，而是彼此作用、交互和协同工作的。例如，用户可以点击你在网站上发布的且包含在 Google 新闻中的故事。他们花上 30 秒的时间浏览内容，然后关闭浏览器窗口。此时你的网站的新闻部分已经完成支付再营销。一周后，当用户访问其他相关网站时，他们会看到你的横幅广告。然后他们就会进入 Google 并输入你的品牌名称，这是因为用户开始增加对更大的公司的兴趣，而不是最初引起他们兴趣的故事（一个他们可能不再感兴趣的故事），他们进入你的主页并添加书签。三天后，他们使用之前添加的书签，从你那儿买了些东西，直接流量将可获得最后点击归属。

9. 支付信誉

在进行信誉管理时，最初的关注点和焦点就是将信息尽可能地推到远离搜索结果的顶部，来降低负面的公共关系的可见性。实现这一目标的最有效的方法，就是创造结合 SEO、点击付费、社交媒体和许多搜索引擎的可见性机会，最高限度地扩大你所期望的覆盖范围。

SEO 和设计

如果你已经处理过一些 SEO 项目，包括网站的重新设计、新网站的创建和发布。毫无疑问，你会遇到设计和搜索引擎优化之间产生冲突的情况，原由就是设计简介中的一些角色和可交付的成果与 SEO 活动中的非常不同。

虽然这样，但 SEO 和设计之间仍然有许多一致和重叠的目标，它们相互依赖，以提供更为成功的最终结果。如果你能专注于一致的目标，并有效地了解任何网站目标冲突背后的需求，就会发现通过 SEO

和设计关系协作所产生的最终结果，可以使你从投资中获得更大的回报。

接下来，我们将讨论一些常见的网站的 SEO 和设计方法相结合的条件和优势。

1. 移动友好

自从 Google 移动更新被推出，并将移动友好作为排名因素以后，设计和 SEO 专家一直协同工作，以确保移动设备上的网站设计和相关内容能被理解。

2. 网页和网站速度

一个外形美观的网站，将有助于传达重要的业务质量和信任信号。有效的设计可以帮助一个网站脱颖而出，并带领用户顺利浏览此网站。设计主要是基于图像和丰富的多媒体，但强调外观和感觉却损害了用户和搜索体验。如果你想转变的受众群体已经发现你的网站，或者从一开始就把免费流量用到你的网站上，就需要不惜一切代价来改善这种情况。图像可以在不影响质量的情况下被压缩成混合媒体，使之在网络上更突显。页面和网站速度都影响排名的因素，直接关系到搜索引擎的排名结果，也是影响用户体验的关键因素。

3. 内容优化

网站模板必须包括 SEO 的价值，在网站上添加新的内容，从而使你获得潜在的收益。在网站项目中有一些经常被忽略的项目，会直接妨碍搜索过程中网站执行的能力，这包括以下几个方面。

页面标题标签控制

添加、更新和更改页面标题而不改变网站其他方面的功能。例如，在没有更改页面标题标签、面包屑导航、次导航、菜单项等情况下，添加一个 h1 标签或 h2 标签。

标题标签控制

标题标签控制着广告的第一部分，这方面的控制对于精炼和提高点击率收益至关重要。包括适当的关键词，通过关键词来支持排名的收益，并在搜索引擎结果页面到用户登录的网页上显示页面的主题和关联。

元描述控制

元描述可以帮助你从可见性方面（在搜索引擎结果页面的印象）驱动流量（点击）到你的网站上。彻底控制元数据描述可以让你监视、更新和改进从有机广告中获得的价值。而且它可以把规则（通过设置特定的标准来填充数据）应用到填充元描述中，还（这是最重要的部分）可以手动覆盖和更新这些规则。例如，一个大型电子商务网站可能有数千个网页，最初你可能希望用已知的数据库标签中的某些内容来填充元数据，如产品名称、价格、免费送货信息和更多其他的信息，以确保写出好的内容，使用户参与其中且有一个相关的行动，从而激发用户马上点击。

网站架构

设计、SEO 和适用性之间都需要携手合作，以产生一个初始的网站设计来直观反映业务的层次，并促使用户有效地发现相关内容、索引。无论是何种行业或设计网站如何困难（对于为什么某个网站可以选择面向内容或面向用户的设计，这有许多逻辑上的原因），网站的架构都需要为用户、业务以及搜索引擎的成功而有效地工作。SEO 专家在平衡用户、业务和搜索引擎的需求方面起着重要的作用。在许多情况下，SEO 专家（顾问）的作用往往包括平衡不同的需求和相互竞争的网站的需求，并获得正确的最终结果。

可访问性

在某种程度上来说，这部分内容也是搜索引擎营销的基本原则之一。也就是说，无论何时何地，信息都可以得到普遍访问和利用。不论用户是使用 iPhone 还是 Apple Mac，都能快速地或缓慢地连接互联网，他们应该能够很容易地访问和理解你的网站上的内容。同样的原则也适用于有其他特殊需求的人，例如有视力障碍的人也可以看屏幕，或者更准确地说是明白屏幕上的内容。这就需要考虑到技术上的 SEO 因素，以支持使用屏幕阅读器和其他设备，从而使用户对内容能有效理解。倘若你只看到一小部分潜在的在线受众，那么创造业界领先的视觉效果就没有什么意义了。

社交分享

在这里我们提及了多个领域（SEO、设计、社交媒体、潜在的公共关系等），其目标都是一样的，就是为了尽可能地提升所创建的网站的价值，这需要专家们相互协同地工作。社交公共关系、内容分享、通用的社交媒体与搜索引擎结果之间，有着很强的相关性。由正确的创建者和真正的社交媒体所分享的内容往往可以很快被发现，并产生高质量的信号和排名收益。内容类型专家有趣的设计元素，用户在参与和享受时，最初的反应就是分享自己所看到的内容，促进内容共享、嵌入外部网站和带动用户参与，专家创建的内容有助于提高网站获得的价值。

内容理解

有很多方法可以让专业的 SEO 从业者运用他们的专业知识，帮助 Google 这样的搜索引擎更有效地理解创建的内容。创建有效内容的第一步，是让搜索引擎找到它且理解它。从周围内容、搜索引擎优化技术更新到代码添加，有很多方法可以帮助理解内容，且不会损害网页的设计、外观和感觉。例如，包含标题的图像可以方便搜索引擎接收内容的文字描述。命名文件也是影响图像优化和一般搜索引擎理解的一个重要因素。这种类型的活动可以通过与搜索引擎优化和设计之间的协作，经由示例演示，就能够看到其在实践中是如何起作用的。更重要的是要理解这个示例过程，但在实际操作中，可以根据特殊的情况而有所不同。

- 在现有的博客网页上，SEO 专家支持增加内容价值（尤其是在图像搜索领域增加初始值，并针对用户和内容的分段，通过混合内容类型增加可感知的质量价值）。

- 设计专家通过新的图像的预期结果与搜索引擎优化专家进行会谈，并创造三个新的视觉效果。

- 因为图像是由 SEO 专家所命名，为此它们都具有相关性。同时，当把它们添加到博客页面时，搜索引擎优化专家可以添加标题标签和图像替换文本，以便搜索引擎和用户对图片中包含的内容有更深的了解。

- 一旦图像活跃几天后，SEO 专家则可以分析最新的数据。

- SEO 专家协同设计更新图像，当用户将鼠标悬停在这些图像上时，图像也产生了新的内容。这种风格化的叠加内容，只有用户将鼠标悬停在图像上时才会出现。随后内容可以给用户（并通过代码搜索引擎）提供更多关于图像的信息，包括每个图像的动作调用，以便用户能够更多地了解并购买该产品（在本例中，图像是博客文章中提到的产品）。

- 通过改变用户鼠标在图像上移动时所看到的简要内容，设计专家可以进一步细化图像以产生叠加价值。其颜色可以从模板的其余部分脱颖而出，因为它并非是标准模板调色板的一部分。更新后，数据可以很清晰地被显示，用户当时不仅能悬停在图像上，点击它还可以登录购买产品的页面。

- SEO 专家经过多次细化显示的内容和动作调用，直到出现满意的图像，通过博客将内部页面视图的最佳水平展示在产品页面中。

- 最终的结果是通过 SEO 和设计的协作，从现有的网站流量中增加收入。如果没有协作的、跨领域的工作，就不能实现这一目标。

面包屑导航

虽然并不是每一个网站都拥有面包屑导航，但值得考虑的是，拥有一个面包屑导航是否可以使你的网站更有利于用户和搜索引擎的结果。面包屑导航可以为网站设计提供明确性，通常位于主导航的下级页面的顶部（虽然在理论上它可以很容易地被放置在页面和网站模板的其他元素中）。其优点如下：

- 在广泛的网站中，用户和搜索引擎可以理解内容所处的位置。例如在"家 > 办公室 > 文具 > 铅笔 > 蓝色铅笔"这个例子中，我可以看到当前页（"蓝色铅笔"）在网站上所处的位置，可以点击这一点并扩大其他铅笔类型和颜色的范围。如果我想进一步扩大所关注的所有办公文具（点击面包屑导航中的"文具"），我可以添加一些产品到我的订单中（假设这是在一个电子商务网站环境中），它提供了一个更有效的用户、业务和搜索体验，并可以节省时间，避免为达到最终结果而重复搜索。作为用户，我也可以使用面包屑导航进一步细化搜索过滤器（"办公室"一节）或是回到网站的根目录（首页即"主页"）。

- 网络游客访问你的网站时可以通过单一的点击访问到更多的网站。这一路径将有助于信息访问以及更高效的用户体验（完成登录网站的预期结果），并改进用户与你的网站的交互。通过有效的 SEO，网站访问者可以登录最相关的网页，通过你的网站上的内容匹配相应的搜索查询。但事实并非总是如此，面包屑导航可以帮助用户找回他们的信息和购买的轨迹。

- 面包屑的性质比较直观。这意味着用户对自己与你的网站互动的能力有了更大的感知。

- 当用正确的编码做出对的标记时，作为"丰富片段"，面包屑导航可以出现在 Google 搜索引擎结果页面中。这一方面主要体现了两点。首先，在面包屑导航的使用上，Google 充分体现了其价值，以至于在搜索结果中它包含了一些面包屑导航的功能和价值。其次，从对内容上下文的了解中，用户将获取益处。这将帮助他们决定是否点击你的广告，对充分利用搜索机会的人来说，任何能从当前可见性中获得更大价值的方法，都是非常重要的。

- 面包屑导航并不十分突出且对设计的影响最小。如果没有任何负面因素需要考虑的话，就意味着你可以为搜索引擎的成功和用户带来更多的价值。如果存在任何潜在的负面影响，任何搜索和用户策略就必然会被视为主要的战术。

- 有效的面包屑导航，在页面上将有助于生成重要的术语。网站上有些网页具有有限的独立价值。在用户和搜索引擎访问的每一个页面上，你都应该努力提供丰富的内容和较高的用户体验，虽然一开始就不太可能如此。但当你更有效地利用网站上的模板时（面包屑导航是这方面的一个例子），就为网站创建了一个可重复的和自动的增值模式，从而有助于更好地理解新的页面、增加用户的价值和支持 SEO 成功，这对性能的连续性和一致性十分重要。

度量标准搜索

当我们开始考虑 SEO 成功的度量（度量标准）时，最重要的是确定哪些因素对你和你的业务最重要。虽然所有的数字营销媒体，都利用传统的衡量标准获得了成功，但这些不应该被看作是衡量绩效评估的唯一或最重要的指标。我希望你考虑一下你想实现什么，然后反过来衡量你的 SEO 策略和战略部署是否成功。本节重点讨论的是一些比较常见的有针对性的度量分组。这绝不是一个详细的清单，但它将提供下面的初步的灵感。

质量

在衡量 SEO 的有效性时，总是存在一定程度的质量和数量之间的平衡问题。理想的情况是得到更多的数量和更高的质量。但是，定制的 SEO 战略的创建和交付，有助于区分二者之间的不同。二者可以相互竞争和对比，这就意味着就一个质量或另一个数量（体积）而言，将它们整理成单一的方法往往会导致决策结果适得其反。

质量度量的示例如下。

● 点击率：与你的免费广告出现（印象）的次数相比，出现的点击次数（以百分比表示）。

● 跳出率：只访问一个页面后就离开（退出或弹出）你的网站的人的比例。在许多情况下，反弹率越低越好，但这个规则也可能有例外。

● 花在网页（网站）上的时间：每个网站在网页上都会有不同的

最佳用户时间。一般来说，人们花在网页或网站上的时间越长越好。但有一点，你更希望访问者完成一个最终目标，这意味着退出网站是一个合乎逻辑且必要的转换步骤。

- 可见度和流量关联性：改善用户对网站的印象和增加用户流量，并确保其有效性（相关的和可能转换的）。

- 用户参与：可以包括很多项目，有助于了解如何使人们积极地登录网站，并对其产生兴趣。例如下载表格、观看视频或其他方面。

- 每次访问所看到的页面：作为质量的衡量手段，它可以告诉你一个信息，即当访问者访问你的网站时，它也在深入挖掘你所提供的内容。如果到达最终结果只需最少数量的步骤或页面（如金融服务公司在完成申请表前，可能需要阅读条款、条件、关键特性、其他页面内容等），则页面（访问度量）就非常重要。

- 人群分布特征：包括语言和位置。大多数企业会统计目标受众群体的位置和语言。例如，当你销售的产品只针对超过60岁的女性时，你就需要考虑人群分布特征数据，包括性别和年龄。

- 最终结果：你希望用户完成的最后行动是什么？访问到最终结果的百分比越高，效果就越好。对于电子商务网站，包括转换率、交易、放弃率和收入等因素。对于非电子商务网站，可能还包括目标转换率、交易的完成等。不要忽视提供的辅助量（如辅助转换是为了提供最终结果，忽略决策的单一属性而显示出营销渠道是如何相互作用的）。

- 渠道对比：几乎适用于每一个度量。一种营销媒介的性能作用于另一种营销媒介的性能，是质量的重要标志。

● 关键词的价格：比其他质量指标更有创意，它可以帮助你理解质量的价值。基于之前的点击率和印象，如果你也正想统计点击付费活动（或其他提供关键字平均值的外部工具），当你将两者进行对比时，就可以通过 Google 创建关键词策划人的"建议标价"和你的关键词广告数据，来对点击（流量）和时间做出一个评估。由于 Google 采用的是拍卖的付费模式，这就意味着质量条件（假设关联性）越高，出价也越高 [或显示最高的平均价格（建议出价）]。

● 交付价值：不要低估提供给受众群体的感知价值的质量。在此涉及许多度量的形式，包括分享、社交参与、互动、反向链接（自然链接）和直接的反馈等。

体积（数量）

如你所料，在提到体积时，我们通常会简单地说"让我们致力于增加 XYZ"。基于体积的度量，可以是任何东西。下面的示例包含了一些度量方法，但我建议你更多地关注体积目标的生成，还有每一个导致这个结果所需的微观步骤，而不仅仅是关注其最终的结果。

数量度量的示例如下。

● 印象和流量：多见于适当的区域（有效的印象），并把这种可见性转变成人们对你的网站的登录量（流量）。

● 主题：增加你被视为权威的相关主题区域的数量，几乎支持所有其他度量，增加焦点区域。

- 排名和平均位置：平均位置对可见性、品牌知名度和许多其他相关方面的提高方法有很大帮助，能提高排名。

- 最终结果：如上文所述（包括投资回报率和微观目标的完成）。

- 网页关注：包括登录网页时的印象、流量和结果，也可以包括访客在浏览你的网站后，使用这些网页改善其可见性和参与度（吸引更多的人进入你的网站的重要区域，不管他们当前在什么位置）。

- 节省费用：指在付费搜索过程中产生的潜在流量的花费。见上一节中的"关键词的价格"，以获得关于此度量的详细信息。

- 促使总网站成功的比率：这可能与流量、转换、目标完成和其他的度量有关。例如，目前你可以从 SEO 中获得 45% 的网站访问量，若将此数字提高到 55%，它将是测算网站成功比率的度量。

- 客户撷取成本：增加活跃客户的数量，降低客户撷取成本。以更低的撷取成本来获得更活跃的客户的能力，对网站和更广泛业务的成功是至关重要的。

技术和性能

这可能是 SEO 性能和结果中最常被忽视的一组度量，但它支持大多数其他方面的度量。

技术和一般网站性能度量的示例如下。

- 可访问性：考虑到所有可以访问你的内容、消息和网站页面的情况。

- 访问数据：收集网站的数据，对于技术和网站的性能的改进至关重要。它包括数据的可用性、数据的广度、数据的深度和数据本身的完整性。

- 网站速度：包括手机、设备和桌面。网站执行得越快，提供的体验就越好，以此用来支持移动设备和其他设备的搜索引擎性能的潜在的质量感知就越多。

- 可操作性和功能性：包括尝试破坏网站的冗余。从碎片式的页面和内容获取所需信息。

- 正常运行时间：网站可被访问的时间量。数字环境应该是时时刻刻保持活跃的。

- 搜索外观：此情况需查看 Google 搜索控制台 (GSC) 标准的核心要素 [以前称为 "Google 网站管理员工具" (GWT)]，包括超文本链接标示语言的改进领域等。

- 可用性：网站的直观程度以及对使用者的方便程度。

- 自然的可链接性：例如，我们考虑正在创建的反向链接的质量和数量，且除了添加到你的网站上的内容外，不需要任何干预。虽然将它包含在网站审查的技术领域中是不寻常的，但当你考虑到更广泛的网站性能度量时，它可以不被排除在外。

- 页面支持：传统页面的 SEO 分析、审计、基准度量和改进。

- 关闭页面支持：可能包含一定程度的优势、劣势（强度、弱点、机会、威胁等）、分析、审核、基准度量和改进。

- 冗余影响：黑客和其他外部负面影响（包括 Google 反向算法影响和手动惩罚）。

- 搜索支持：鼓励有效的索引内容，了解网站以及删除任何阻碍搜索引擎成功的技术的能力。

- 网站索引数量：部分归结于上述的"搜索支持"，度量你打算对多少网站进行索引，并在某种程度上得出实际被交付或实现的搜索值。

- 层次结构和架构：网站是否被有逻辑地建构？最重要的内容是否比网站内容的其余部分更清晰、更突出？可索引的内容是否可以被用户和搜索引擎发现？

- 移动网站的成功：网站在移动搜索中的技术性能如何？ 网站对移动设备友好吗？ 网站的成功有多少来自移动搜索？ 这些问题构成了衡量这一领域成功的基础。

- 内容交付：涉及包括速度、页内支持等在内的其他领域和质量度量（包括参与、共享积极的因素和重复、低价值的消极的因素）。

- 内部信息访问：也称为"内部链接"。用户和搜索引擎是否无需使用网站的主要支持性导航就能发现相关内容？是否深入访问主题信息？链接的自然性和直观性如何？ 在这里只做出一个非常简单的介绍。

创建长期搜索计划

本节需要对重点日程表中的事件进行整理，以促成搜索营销的成功。这反映了 SEO 和创建的内容协同工作的重要性，在大多数情况下，还涉及比内容或编辑日程表更广泛的话题。

在此情况下，长期搜索日程表包含了支持有效的 SEO 活动所需的核心交付元素。像许多类似领域一样，这并不是一个全面的搜索引擎优化内容规划方法，但它包含了可以有效地激活该领域创造力的方法。

提供有帮助的日程表示例的目的，是为了加强这种方法的实际应用。在我们执行实际例子搜索日程表之前，公司能够分配时间来消除一些可能出现的障碍，这是很重要的。以下是一些常见问题，它们可能会阻碍搜索和内容日程表的创建。

- 为什么创建搜索营销计划?
- 搜索和内容营销计划的主要目标是什么?
- 这些新内容将会在哪里?

为什么创建搜索营销计划

有许多方法可以解决这一问题，其中的重要步骤就涉及规划、审议和执行。你为所有的用户创建一个单一的参考点时，就可以提供有形的资源来规划基于内容（或者是支持内容）的搜索营销策略。

如果你按照包容性的方式来确定谁在做什么，就可以质疑、优化和改善它。这个审查（考察阶段）指的是，将 SEO 专家的数据分析师的特质与内容营销人员的创造力相结合，在更长期的搜索计划创建中以便于应用附加的含义。

执行阶段包括记录日程安排的内容（未被交付的内容）、看到什么样的初始影响（此影响分析对于细化、下一阶段优化、改进等有很大帮助）和任何见解，或从预定内容的执行到搜索营销计划的更改。

搜索和内容营销计划的主要目标是什么

这个问题的一个重要方面，就是使整体的工作变得更简单、更有效。质疑结合专业知识来提高预期收益是很困难的，但要促进有效的工作，则另当别论。

实施 SEO 和更广泛搜索计划的主要额外预期回报包括：

- 明确地评估你打算做什么或为什么这么做。

- 记录策略、计划策略和机会来比较你的计划活动和外部环境（过去、现在或未来）的优势、劣势、机会和阻碍。

- 根据关键内容需求（可能是搜索策略加上内容）的预期回报（度量和基于价值的回报可能超过传统的投资回报率）来确定可用资源的优化。

- 对内容的扩展、方法的提炼和关于内容需求的任何新的机会的确定。

- 明确发布易于执行的流程。经常被忽视的是进行实时的、可操作性测试和在新内容投放之前、期间和之后发生的下一步，并需要考虑推广、社交分享、影响力、更新和关键员工参与等项目。

> 在你的长期搜索计划中，哪些是关键领域？为什么？

所有的新内容将会在哪里

你所创建的每个新内容，都必须具有明确的目的。如果你生成的所有内容都在你的网站内部，就会错过很多搜索成功的外部机会。如果你所有的内容都在外部进行，那么你的网站就可能会受到影响，且你所花费的大部分的时间和精力都用在了支持别人的网站上。相同的内容可能以不同的形式存在，且服务于许多目的。例如，调查可能被分割并用于社交媒体问题、参与和交流。同样的调查也可能被包含在博客文章、专家意见或一系列网上帖子中。

调查中的数据可用于外部论坛，来回答你的受众群体的有关问题，以此帮助提高品牌的知名度和真正的商业价值，或者在可信的主流媒体和公共关系网站中进行有效的评论。

对于文本数据，也可以被制作为更多有创意的内容类型，如幻灯片、短视频和信息图表。

实际内容放置的决定，应该早在任何实际内容被创建之前提前完成。这样做的一个原因，是内容的目的需要反映你创建内容的风格、类型和语气。从这一点来讲，这对于有效的时间、资源或专业知识管理方面，并非是一个合适的策略。

> 内容的放置或网站的实施策略是如何有效地支持 SEO 的目标的？

每月搜索计划

不要使你的长期搜索日程表过度复杂，你所希望的是所有的参与者都能够访问到你提供的信息，并易于使用和理解它们，以此来增加你有效地管理和最大化搜索营销成功的可能性。

如果是在 Excel、Excel Online 或其他类似的基于 Office 的应用程序来创建的搜索日程表，你就可根据受众群体的需要、内容的难易度或其他有意义的标准来进行细分。

下面的每月搜索计划是建立在客观的，且把内容归因于在实现这些目标之前，你都会对目标和策略的类型有一些想法的基础上的。

> 通过设置和限制可用空间，将信息输入到搜索日程表中时，需要在入口进行某种形式的质量控制。这是最高限度地将焦点放在了目标上。

表 8.1　每月搜索计划——基于目标

关键：

O 是客观的目标（在这种情况下，它只是一个总体目标，并且每月对示例中的变量进行更改。实际上，通常在几个月内，目标总是一致的）。T 是策略（与目标相关的活动。这些都是一些相关的策略）。

一月	二月	三月
O：增加流量	O：改善流量质量	O：生成转换
T：每周增加博的内容	T：调查观众需求	T：创建角色驱动的内容
T：推广社交片段	T：测试内容的变化	T：提供季节性折扣促销
T：重新调整现有的内容	T：查看博客转换数据	T：为产品、服务页面创建对比内容
T：利用有价值的故事	T：优化登录网页的内容	
T：拓展关键页面上的内容深度		

续表　　　　　　　表8.1　每月搜索计划——基于目标

四月	五月	六月
O：提高品牌知名度	O：增加产品排名	O：增加有效流量
T：通过社交公共关系积极推动内容	T：向产品页面添加用户生成的内容	T：使用前面五个月的数据来驱动有效的内容创建
T：创建指南、可链接资产并对其进行宣传	T：在类别等级的登录页面上增加内容的深度	T：重新浏览最成功的博客并进行刷新（更新）
T：创建解决问题、推动论坛、社交媒体、网站常见问题解答和混合类型的内容	T：将结构化数据添加到产品页面中，包括审查代码	T：重新导入视觉内容，分享并推广
T：参与行业活动		T：通过创建混合内容来定位另一个垂直搜索，即视频或新闻
七月	八月	九月
O：增加移动成功	O：增加网站的可视性	O：提供受众群体相关教育
T：更新你的网站，包括反应灵敏的设计功能	T：扩展所有核心的、顶层页面的内容	T：创建优秀(捕捉所有)的内容以引起受众的兴趣
T：提高桌面和移动网站速度	T：完成网站技术搜索引擎优化	T：建立并维系重复辩论的社交渠道
T：重新安排网页上内容的顺序和位置	T：更新预单击优化区域（标题、标签等）	T：提供免费的建议和有关外部网站的意见
T：完成移动友好的活动	T：向网站添加新的服务、内容（查找更多目前缺少的内容）	T：基于你收集的数据来创建新的、独特的（根据你的受众所需要的）产品和内容
		T：召开免费的网络研讨会

续表　　　　　　　表 8.1　每月搜索计划——基于目标

十月	十一月	十二月
O：改进域名权威	O：刷新现有内容	O：利用投资回报率
T：建立相关的业务链接	T：识别并改进低性能的页面	T：收集更多的数据（例如添加呼叫跟踪或新的数据收集项）
T：宣传内容并生成社交信息	T：添加与原来网页相关的新内容	T：提供新的证明、审查、策例研究内容
T：去除低质量的链接并以更高价值的反向链接替代	T：在现有页面上为新的链接信号创建"滚动"内容	T：完成转换率优化
T：重新访问搜索引擎优化技术	T：完成新关键字研究并更新术语的频率、位置和变化	T：在关键产品页面上添加新促销内容和交叉销售的细节
T：改进内部链接	T：包括与页面内容相关的常见问题和答案即扩展主题的价值和深度	T：改进你的产品形象
T：在网站上添加更多的可链接的资产（自然链接内容特征）		T：完成图像优化
T：改进页面中低质量的内容或对站点成功率没有贡献的页面		T：在页面上添加更多相关的内容

每周搜索计划

在这个阶段，我们对长期搜索计划添加了另一个粒度级别。每周的策略需要特定的内容创作、活动竞争以及从创作到实施的分配。

表 8.2 显示了一个单周示例——目的是重点展示有效地管理搜索内容的工作量。

表 8.2　每周搜索计划——管理工作量

在此案例中，重点是信息的可见性、任务的分配和所完成的优化。

完成日期	分配给	优化程度	目标	任务类型	任务	位置（打开网站、关闭网站）+网址	30天后的影响（数据变化与目标相关）	下一活动（详细）	下一活动（日期）	下一活动（分配给）
03/10/2016	简	高	增加"X"部分的流量	搜索引擎优化技术	链接到全文	网址	网址	TBC－后期数据审查	TBC－后期活动确定	TBC－基于所需的技能和资源的可用性
03/10/2016	简	低	增加"X"部分的流量	内容	链接到全文	网址	网址	TBC－后期数据审查	TBC－后期活动确定	TBC－基于所需的技能和资源的可用性
04/10/2016	鲍勃	中	增加"X"部分的流量	内容	链接到全文	网址	网址	TBC－后期数据审查	TBC－后期活动确定	TBC－基于所需的技能和资源的可用性
04/10/2016	鲍勃	高	增加"X"部分的流量	内容	链接到全文	网址	网址	TBC－后期数据审查	TBC－后期活动确定	TBC－基于所需的技能和资源的可用性
05/10/2016	拉赛尔	低	增加"X"部分的流量	页面搜索引擎优化	链接到全文	网址	网址	TBC－后期数据审查	TBC－后期活动确定	TBC－基于所需的技能和资源的可用性
05/10/2016	鲍勃	中	增加"X"部分的流量	预点击优化	链接到全文	网址	网址	TBC－后期数据审查	TBC－后期活动确定	TBC－基于所需的技能和资源的可用性
06/10/2016	亨利	高	增加"X"部分的流量	关闭页搜索引擎优化	链接到全文	网址	网址	TBC－后期数据审查	TBC－后期活动确定	TBC－基于所需的技能和资源的可用性
07/10/2016	简	中	增加"X"部分的流量	链接建设	链接到全文	网址	网址	TBC－后期数据审查	TBC－后期活动确定	TBC－基于所需的技能和资源的可用性

季度计划

表 8.3 详细列出了单个季度计划和基于事件的机会。在这种情况下，事件可能与行业、季节计划等相关。当你把季度计划应用到搜索营销中时，你更希望包括一些与你的行业相关的事件和特定的季节性。在本例中，重点是季节性事件（12 月、1 月、2 月）。

表 8.3　季度计划——事件机会

在这个案例中，重点放在单个季度和可能用于提高搜索引擎收益的事件类型中。这包括示例事件和相关数据，但并非是所有的季节性事件。

季节	冬季		
月份	12 月	1 月	2 月
重要日期	圣母无沾成胎节 先知的诞生日 犹太圣节 冬至 圣诞节 节礼日 除夕夜 （苏格兰的）除夕	元旦 彭斯之夜 主显节 植树节 圣文森特日	中国的新年 忏悔星期一 圣灰星期三 情人节 行善节
活动事例： 博客创作 社交公共关系 主流思想 内容推广 重复／再访问 有关年份的内容 季节性的参与	活动事例：	活动事例：	活动事例：
促销事例： 季节折扣 限时优惠 新产品的推出 在线促销 限期产品 保证交货日期 季节性礼品 尽早更新事件 股票的间隙	促销事例：	促销事例：	促销事例：

关键术语

1.Search marketing calendar（搜索营销计划）

　　一种共享资源，它能对已确定的重要活动进行预先规划，并常常跨越不同的个人和团队需求。这有助于促进不同资源之间的高效协作，并在搜索营销活动的战略规划早期阶段明确定义项目需求。搜索营销计划的重点往往是预先规划内容的需求。但是，除了内容需求外，还可能包括其他专家工作人员，且内容类型也各有不同。以此为例，已编写内容需要优化且必须推广——这就可能涉及几个专家工作人员。制作视频、图表或动态内容的，也不可能是相同的专业人士。所有这些（更多）都需要考虑并且制订前瞻性规划，以便有效执行。

2.Search marketing medium（搜索营销媒介）

　　也被称为"数字营销媒体"或"搜索和数字营销媒体"，这是在某单一或多种策略中，为实现线上输送成功而应用的混合型营销渠道。搜索营销渠道（媒介）中最常用的一些如下所列：

　　● 搜索引擎优化（SEO）：也被称为"有机广告""自然搜索"和"免费在线营销"。

　　● 按点击付费广告（PPC）：通常称为"付费广告"或"付费搜索营销"。

　　● 社交媒体营销：这可以是付费的或免费的，往往还会涉及专业的跨度。其中一个例子就是社交公关 [跨越社交媒体和传统的数字公共关系（PR）]。

- 联属营销：外部业务或网站推广的另一个基于佣金盈利模式的公司产品或服务。附属机构可以有很多的酬金支付模式，但这通常包括将流量或查询转到另一个在线业务上。

- 展示广告 (付费数字营销的另一个分支)。

- 购物频道（数字)：考虑 Google 购物和其他特定的及分段的购物搜索引擎，只注重使搜索查询与可通过电子商务最终购买的产品相匹配。

- 公共关系（数字)：或称"在线公共关系"。这经常被视为包含所用到的许多类型的搜索和数字媒体的一个方面，虽然不是全部，但它对提升个人价值的作用非常显著。

- 电子邮件营销：当你考虑低成本营销时，电子邮件营销是最先出现在你脑海中的数字媒体。除了电子邮件营销，还有其他低成本营销包括电话营销（短信或文字营销)。

- 手机（平板电脑、智能手机等）营销：除了上述所有的营销方式，大多数都能够适用于移动设备营销。这样看来，目标手机作为更广泛的搜索营销和数字战略的一部分，也是大有可能的，为此有必要将它们包括在媒体列表中。

- 视频广告：使用视频作为市场营销的一部分，视频营销（付费、免费等）的增长以及用户对视频内容的消化（更不用说 Google 公司也拥有 YouTube 视频了)，说明了视频作为媒体为什么不应被忽视。

- 在线软文营销和分销：与数字公共关系相关，软文营销已经成为一种常用的手段，驱使搜索内容相关企业联合支持经营、产品、服务更新、发送活动消息等很多方式，以有效地实现许多品牌和企业的潜在收益。

3.Digital specialisms（数字专长）

有许多不同的专业领域都涉及搜索和数字营销，而提供专长的专家往往不是单个个人。这并不是说一个人不能学习多学科或者通过多个专业领域进行搜索营销。从工作经验来看，公司经常要求个人提供初始学习情况并展示各种价值，目的就是扩大资源，提供专门知识。搜索营销和数字机构常常拥有提供特殊专长的专业团队。当然，这与由组织到组织有所不同。

4.User experience（用户体验）

这是最重要的主题，也是一个高度专业化的领域。用户体验就是访问者对搜索业务、产品、服务、媒介或网站的独特情感联想的理解（以网站为例）。了解该网站是什么、知道如何去访问、操作和使用该网站，用户体验这一块是许多线上企业正在投资的领域，以此希望大多数访问者能够停留在其网站。用户体验旨在平衡用户与企业的欲望、需求和目标，并使其利益最大化。在网络环境中，网站往往成为放弃原目标搜索的主要焦点。

5.Content optimization（内容优化）

要想优化某事物，必须强化它并使之变得更好。为了使搜索引擎内容优化，你要让搜索引擎和用户随时都可以访问该内容，就必须快速加载内容、标签清晰、选择使用多样格式，以迎合大众的需要。同时还要确保内容具有深度，使用正确的关键词，反映预期，并有明确的主题。因此内容优化要不间断地进行，不能随意停止（当然，尽管引擎搜索时间、资源和重点将频繁改变优先级），搜索引擎需要继续审查其中的数据，并从中吸取教训，不断改进内容，保持其最新状态，并为领悟它的人增加价值。

6.Click-through rate（点击率）

点击次数（以百分比表示）与你的有机广告出现（印记）的次数相比。

7.Bounce rate（跳出率）

只访问一个页面后就从你的网站离开（退出或跳出）的人的百分比。在许多情况下，跳出率越低越好，但这个规则可能有例外。

8.Demographics（人口统计数据）

与人口特定部分联系在一起的数据。有许多指标可以包含在人群统计数据中，包括年龄、地点、收入等。

关键点

- 制约因素是影响搜索成功的非常大的限制性因素之一。在搜索范围、创造性方面的制约和搜索引擎的长期规划预设，这些因素都限制了通过搜索引擎营销获得更大收益。

- 最广泛涵盖的互惠数字关系介于 SEO 与内容之间。每个 SEO 活动的进行都需要正确的搜索内容类型，而且搜索内容又不仅仅是以内容质量而使其目标受众感知的。

- 无论依靠何种社交媒体平台，社交媒体越成功，搜索的速度通常也越快，且所搜索得到的内容也越广泛。

- 或者说搜索渠道要想取得成功，就不得不损害另一种媒体。事实上根本不是这样。

- 衡量 SEO 的成功（衡量标准），最重要的就是确定什么对你来说才是最重要的。

- 一个长期搜索计划包含核心内容的输送元素，以支持有效的 SEO 活动。

- 不要将搜索计划复杂化。若想让每个相关的人都能得到信息且很容易理解、使用它，就要通过有效的管理将其信息最大化，以便取得搜索营销的成功。

第九章

未来的规划

搜索引擎优化（SEO）是专家利用专业知识来进行的活动，目的在于提高从搜索引擎到网页或网址的有机（付费的、自然的、免费的）流量的质量与大小。

以上是第一章中我们提及的如何定义 SEO。

由于现在已是本书的收尾部分，更有必要从长远的未来出发，梳理本书从头到尾所分享的话题和见解。

学习成果

交付 SEO 是一项专业的平衡行为，使战术、机会与专业知识、目标相匹配，不断评估最新数据、行业进展和你操作的细分市场。随着内部、外部的变化和挑战的不断呈现，很容易造成只关注现在而不会真正地面向未来的局面。

到本章结束，你将提升对以下几个方面的认知度：

- 搜索市场的常量
- 变化趋势
- 搜索引擎优化偶然事件的预案

理解搜索市场的常量

在 Google 理念中我们涵盖了以下这些部分：

- 把用户放在战略中心。

- 需要专业深度（把某件事情做到极致）。

- 速度的需要。

- 任何时间、任何地点通用的信息传递。

- 求财不伤义。

- 不断发现新机会。

- 信息传递中的多样化可以支撑创造性。

- 永不停歇的优化和创新。

当我们考虑 SEO 的基本构成时，以上所有的原则都适用。

在第一章讨论的话题，包括 SEO 要满足的基本商业需要，通过
SEO 实现商业收入的要求倾向于变得更加包容，一些需要贯穿始终的
包括：

- 在正确的领域中看到有效的搜索结果。

- 在挑战性的数字环境中成功竞争。

- 在与观众互动时实现互利的结果。

- 创造收益并从市场投资中挣钱。

- 实现一个目的——在数字空间汇总存在的原因。

第四章讨论了关于搜索心态的争论，考量了长期路径与短期路径
的对比。我们找到了平衡点，即是：

> 　　基本上所有的搜索引擎优化路径都是混杂的，包括来自两个战略时间线上的可用策略。

在第四章，探讨了一些长期策略所涉及的内容，如下：

- 支撑有效的、多设备功能的网站建设和维护。
- 基于数据的内容结合搜索引擎优化和用户需要。
- 用户质量信号和社会成功。
- 基于地点的扩张和最大化。
- 搜索中观众、人格和环境的作用。
- 所有的垂直搜索和扩大搜索环境。
- 联结、现场和远程。

为取得网络上的长期成功，如果说有单一焦点或者不变的主题的话，那就是在你完成的所有动作中，需要强调价值的重要性。

仅考虑参数 SEO 交付，通常能够受到过多关注，虽然这阻碍了更广的搜索方案、价值，但可以用来作为重要的平衡。这在第五章进行了总结，如下：

搜索引擎优化基于价值的路径，并不排除各种参数的提高。事实上，搜索引擎优化支持对参数值的获取。恰当的参数将会更容易接近制定的目的和目标，但很多搜索上的参数因素一直保持不变，在可见的未来也会如此。一些基于参数的常量如下：

- 曝光量。

- 点击量。

- 流量（SEO、引荐来源、直接流量等）。

- 全部网站流量的渠道百分比。

- 品牌与非品牌回报。

- 微观目标与宏观目标的完成量。

在 SEO 交付的资源选择上，内部资源也可外包，或者是两者的结合。这自 SEO 作为专业存在以来，一直是争论不休的话题。在这个领域争论的重要性不太可能会降低，相反，随着更多的业务造成的认知价值和总体价值水平的提高，其重要性会有所提高，并被置于作为核心商业市场解决方案的搜索引擎优化之上。

第七章针对此讨论话题，提出了一些更加与之相关的问题，以供运营主体进行自我评估，寻求潜在的外部 SEO 供应商。这些问题以及随之而产生的目标，是另外一个常量。

- 最初成本是多少？

- 持续成本是多少？

- 我们能够利用的专业知识水平。

- 员工经验的多样化程度。

- 对于我的业务而言，人群的必要性。

- 交付的服务的可靠性。

- 我需致力于（SEO）的时间。

- 如何招募到合适的人员？

- 我有多少控制度?

- 成功几率是多少?

- 要投入多少时间到研发中?

- 有没有保证?

- 链接建设如何（服务路径 / 能力）?

- 你决定重点在哪?

- 风险是什么?

- 独占重要吗?

- 转化要花费多少时间?

- 专业知识会过期吗?

- 我如何确定 SEO 是否有效?

- 需要的人群数量是多少?

- 如何获得正确的内容?

在第八章，我们致力于思考搜索媒体之外的东西，识别具体的、重要的搜索因素，制订自己的长期搜索计划。

在这个阶段，由于聚焦在搜索的常量上，搜索引擎优化的变化几乎没有。但这确实是大谬。

本章往后的部分，将提供识别搜索中变化信号和趋势方面的见解。

识别变化的趋势

SEO 的应用以及更广层面的行业变化频繁，任何搜索引擎专家的挑战都是保持持续学习、调整和跟上行业变化的能力。

这一部分内容，让我们更深入地了解 SEO 行业最近的一些变化，并针对如何和搜索引擎环境保持联系（理想的深度联系），提供一些贴士。

近期的 SEO 趋势

了解数字市场变化和趋势，可以让你不断重新评估搜索市场所采取的路径，通过优化战略和战术部署，使得 SEO 位于更前沿，更能有效地提供支持。但你又不能被趋势所引领，必须具备一定的认知，以确保你的做法是有影响的（正确的）并反映展现在你面前的最新的机会。

1. 移动搜索

2015 年 4 月 Google 启动了移动更新，被广泛地称为"移动搜索新算法"（尽管也有一些其他的名字）。这是一个清晰的意向说明，告诉运营商、网站所有者和搜索引擎市场商：移动搜索是如此的重要，已经取得了很高的收益。Google 还提供了一些免费的移动工具，但是最适用的是移动友好测试工具，可以在下面的网址下载：www.google.com/webmasters/tools/mobile-friendly。

2. 应用搜索（商店）优化（ASO）

与上述内容相关，结合了许多搜索引擎的传统元素，通过数字的市场免费和付费形式，应用优化追随应用市场的增长以及由此带来的机会（如网站优化）。移动通信工具和其他手持设备的使用量持续增长，ASO也会持续增长。

3. 社交SEO

无论你选择什么术语来描述这个趋势，该趋势基本上都是指向社交、分享和内容推广的当代关系和搜索结果的相关性。我们已经看到整合过的一些搜索引擎结果页面，已经在最具有竞争力的网络细分市场中取得优势。虽然社交SEO的伙伴关系经常被忽略，但是它提供了巨大的潜力。

4. 内容质量

我们每天浏览那些价值浅薄的和低质量的薄弱内容，用这些数量（1000个以上单词似乎是覆盖日常一般话题的公认的最少词汇量）的词汇去交流、消化和混合内容类型，往往耗费大量的时间。当谈到内容创建的时候，人们普遍认为质量高于数量。

5. 更深层次的排名

在主要搜索引擎中，排名靠前将会是一个长期的商业搜索目标。这是因为（不考虑个人化的搜索和其他影响结果的因素）与其他竞争者比起来，这是一个明显的胜利，其不难理解。同时，这也可以激发个人和网站的自豪感，话虽如此，但是对搜索结果中的直接答案、位置突显性 [考虑本地包（箱）因素] 以及在首页中置顶的其他内容类型排名，并不意味着第一名 [新闻、图片、知识表 (相关结果)、视频等] 就会一直带来最多的流量或网站价值。

6. 人工智能（AI）和机器学习

我们已经看到 Google 在 2015 年第四季度启动了 Rank Brain，提供新的（目前不清晰）或者目前未知的内容覆盖，对理解和机器学习给予了一定的协助。Google 对 AI 和机器学习的持续推动，在未来几年都不会放缓，相反，还会加快步伐。我们回顾这一过程时，终于明白 Google 搜索的很大一部分都是由机器交付完成的，并且在很大程度上超过了我们目前的认知。

7. 替代性沟通

对于这个路径，对比传统的文本而言，其搜索类型也在增长。图片是网上最可能被忽略的一个领域，还有其他搜索替代方式也往往被忽视，包括视频和声音（语音搜索）。所有这一切都是建立在已经打下的基础之上的，随着 SEO 战术和更宽广的战略部署，将会被应用得更频繁。

8. 获得链接

你收到的关于链接和内容交换的电子邮件请求是否越来越少？

对绝大多数人来说，以上问题的答案是肯定的。这是由于制造链接的路径方面的变化。链接建设的目的应是逐渐远离制造链接，而转向通过制造内容来获得链接。最好的内容通过很多方式带来收益，其中一个方式是获取自然链接。判断有效的链接获取更像是对个体链接站点的质的评估，而不是传统上的与链接建设和统计相关的数量游戏。

9. 用户中心

不管你在搜索市场努力实现的目标是什么，如果不顾终端用户，几乎都会变得难以实现。单纯地或脱离终端用户进行搜索优化的日子基本上已经过去。从本文写作起的 24 个月内，如果你把用户排除在路径之外，成功的障碍将会越来越大。从个人化到角色化，在有效的SEO 中，基于用户的战术将会变得更加重要。

10. 本地化定位

我预测全国性（全球性）的品牌影响力会下降，且会被本地化品牌的影响力和定位所取代。这并不是意味着全球性的品牌将会消失，但我相信较大的品牌需要具有更多的本地化意识。这应该是一个发展的趋势，因为全国性的品牌需要更像本地品牌那样去行动，并且需要在本地环境中去竞争。这就需要在本地社区中增加活动，并在本地和全国范围内提供价值（不是采用全国性的品牌路径往下渗透影响力，而是把有限的努力投入到有限的价值中去，即能主导本地化结果）。

11. 问和答

回到用户这个话题，既然趋势是基于收集定制信息和反馈的，那就应该用其做一些有意义的事情。用户给了你独到的见解，你就需要给出一些有价值的回报（免费）。目前这个索取和回报的趋势并未被充分地关注，但在未来几年里，它定会获得广泛的认可。

> 你有多了解你网站的用户？你想让他们回答什么？你利用这些新的信息做什么？你将免费回报什么？

12. 更多的关键词

关于一些特殊关键词排名的话题正在减少。其中一个原因是，SEO 能够带来更多的价值。另外一个原因，是目前很多人已经能够将这些术语与排名精确匹配，并对其没有带来更高的价值存在疑问。而 SEO 远远超越了特殊关键词的排名，人们已经认识到这一点，这种趋势正在聚集力量且不太可能会倒退。这正给 SEO 行业带来活力，并将在未来几年持续如此。

了解 SEO 是否有效

你怎么知道你的搜索引擎优化是有效的？

在 SEO 交付中，不管是通过内部完成交付还是通过外包完成，这是一个被广泛忽略而又没有答案（事实上说"未提出问题"更精确）的问题。

部分原因在于，信息请求者实际上是通过询问这种类型的问题的方式来寻求帮助。一方面，当有的客户（内部客户或外部客户）能直接提出这类问题，就有可能支撑更大 SEO 收益的这类业务关系。另一方面，SEO 基本上可以覆盖任何可跟踪的参数（成功可测量度）。这意味着观察参数人员的不同，对每个参数赋予的主观价值和权重也不相同，因此对成功的定义也就不同了。

需要提醒的是，在第八章我们已接触了一些被更广泛应用的 SEO 参数，并且对其中的一些参数进行了讨论。

在这个阶段，一个好的做法就是在你的业务中，需要考虑以下参数作为一个关键的量度。可能会出现人、角色以及希望的参数获取量完全混在一起的情况。业务越大，股东范围越广，理解 SEO 是否成功也就变得越复杂。

以下涵盖的参数，按照质量参数、数量参数和技术加性能参数划分，如同第八章的做法。

定义 SEO 成功的质量参数如下。

- 点击率（CTR）：你的广告是否被正确的人浏览？这些是关联的、有针对性的吗？

- 跳出率：在用户流量跳出你的网站的其他页面之前，某个具体页面和全部网站流量的活跃部分占比多少？

- 页面（站点）浏览时间：访客是否在你的网站仅仅花费了非常有限的时间？如果某个访客在其浏览时要达到期待的结果，其所需的用户浏览时间是多长？

- 知名度和流量相关性：随着网站的曝光度的提高，这些获得是否对你的网站产生额外的有机（SEO）流量。

- 用户互动：用户是否观看视频、下载手册和填写表格？

- 每次访问浏览页面数：新访客、回头客对你的网站内容消化了多少？

- 人口统计资料：在对你的业务最重要的目标客户区域，搜索引擎优化是否变得更加有效？

- 最终结果：微观目标和宏观目标的完成度。

- 渠道表现对比：SEO 是否优于其他数字媒介？

- 关键字级数价格：SEO 收益是否能够扩展到其他更加有竞争性的搜索术语？

定义 SEO 成功的数量参数包括：

- 曝光度和流量。

- 排名和平均排名。

- 最终结果。

- 对整个站点成功的贡献率。
- 客户获取成本。

第八章介绍了技术性和更多的网站性能衡量标准，其中包括：

- 对数据的访问。
- 站点速度，包括移动、台式机和其他设备。
- 可操作性和功能性。
- 网站适用性或者正常运行时间。
- 搜索界面。
- 可使用性。
- 自然可连接性。
- 线上支持。
- 线下支持。
- 搜索支持性。
- 索引页面量。
- 层级和架构。
- 移动站点成功率。
- 内容交付。
- 内部信息可访问性。

在对网站性能表现进行跟踪、了解和评估时，作为媒体评估的一部分，有很多因素需要考虑。需要被理解的内容，包括以下几点。

对比你意向的 SEO 目标，取得了多少进展

在谈到 SEO 是否能够有一定水平的提高时，总会有不一致的意见。这就是为什么从搜索引擎优化交付开始，对关键表现参数或者成功测量度达成一致意见非常重要，并且越快越好。在进程中的任何阶段，作为对业务 SEO 的解决方案，所有参与者都应该给这些参数设定基准、进行测量和报告。当然，也应认识到一些参数需要一定时间才能产生影响。不要假设每次每个专家级动作的初始阶段完成后，都会看到直接的正面收益。一些目标需要更长的时期聚焦，更多的动作和时间才能产生影响。

外部因素（能够阻碍、影响甚至消除表现的因素）

在 SEO 行业的从业过程中，有时会听到有些项目甚至在启动之前，就有很多的阻碍需要克服，这也不足为怪。假如一个网站有负面算法的影响，曾经遭受或者正在遭受惩罚（有很多其他潜在的外部因素方面的例子），也或许网站整改已经延迟了很多年，这就使得搜索引擎成功越发困难。假如一个网站并非移动设备友好型，并且 Google 移动更新（也被称为"移动搜索新算法"）也未进行，那么网站所有者也不愿意在网站更新上投资，从而满足一个移动设备友好型网站的基本需要。如果存在以上诸多因素，一个 SEO 专家想实现移动站点的成功，那么他能获得的成功将是有限的。

竞争性搜索环境在变化

面对网络竞争的不断变化，当与很多传统业务场景比较时，新的市场参与者进入门槛很低。这就意味着搜索成功不能仅仅基于你目前所做的事情。在数字环境中，竞争性搜索市场波动会非常大，从而直接影响短期表现、中期表现和长期表现。

考虑以下的情况：

- 你卖黄色铅笔。

- 主流媒体和新闻机构正在报道铅笔对儿童健康的负面影响的新信息。(是的，这似乎不太可能，但意在展现潜在的大量的网络竞争变化。)

- 在几百个黄色铅笔相关的搜索词条中，在 Google 上你公司排名第一。

- 一夜之间，排名前 15 的搜索引擎结果现在已经蜕变成了规模巨大的媒体机构 (例如英国的 BBC)。

- 到你网站的铅笔主题搜索的 SEO 流量下降了 85%。

在关键业务领域中，你的 SEO 成功率的变化是你的 SEO 供应商的过错吗？

以上当然是实际竞争性搜索环境中的一个相当极端的例子，但像易趣 (eBay)、亚马逊和其他大品牌电子商务网站来主导细分搜索领域就不可行吗？

可能会让改变业绩的商业决策升级

当你开始专注于 SEO 交付合作时 (公司、个人等)，商业价值、范围和潜力可能会有所不同，并且在较长时期内是可变的。这可能直接影响很多重要的 SEO 成功测量值。举个例子，假如你在线销售螺丝，虽然螺丝型号很多，但并不是每个型号都能给你带来利润。作为一项业务，你决定从网站上拿掉不能带来基准投资回报（ROI）的产品。在这种做法持续的三周时间内（从你的网站上找出并拿掉产品），你看到了你的 SEO 的曝光率、流量和销售额下降了 30%。你可能会问为什么拿掉产品后没让大量的可见度和流量转到你网站的其他页面上，当然，你也需要考虑自己的商业决策能否直接影响搜索表现（正面、负面皆有）。

独立于搜索引擎优化以外的潜在影响

作为一个数字媒体，你在做出 SEO 进度决定时，不应仅仅看到 SEO 版块的数据，应该提高你的站点的内容的价值，使其链接性更高、支撑推荐流量收益。你有效地提升了品牌的覆盖率和认知度时，基本上就能够给业务带来更多的直接网站流量。这可能只是两个 SEO 成功率（不考虑更广的 SEO 正面影响时）被忽视的例子。

重新定位网站知名度

在你不想从事的业务领域内，如果你的知名度很高，若想让你的 SEO 专家帮助你重新定位你的网站，从短期目标到中期目标，很可能会负面地影响任何搜索引擎的成功率。也可以回到基于你的独特的目标来度量 SEO，更多的曝光率和流量是测量 SEO 成功率时经常用到的参数。如果用户因为错误的搜索词条而浏览你的网站，并且出现在错误的目标受众前，你需要做出改变。重新定位可能意味着较低知名度、更少的访问量，但同时也意味着更多的业务价值和最终结果包括投资回报的提高。可以举例说明，如果销售豪华家具产品，比起平均订单额为 50 英镑时，你公司平均订单额为 3000 英镑时的潜在受众会大大减少。事实上，尽管两项业务都会有受众使得 SEO 能够带来业务投资回报，但是与有效定位结合的成功测量值将会非常不同。

制订你的应急方案

出于任何 SEO 全部失败的假设，没有理由不去制订一个应急方案。

用搜索引擎优化，总是能够找到市场的成功之路。你的应急方案能够帮你识别这些备选项，并有效地加以利用。

> 你的搜索应急方案，能够帮助减轻任何初期 SEO 结果带来的失败风险，且在你的战略实现中使得风险降低。

在搜索应急方案中，下文列出了需要回答的主要问题。

一开始提出这些问题的目的是想尽早给出答案，并在你的战略中反映此方案，从而找到一个更有力的路径来通过搜索引擎优化交付结果：

- 我的 SEO 战略面临的最大威胁是什么？

- 出现主要威胁（一些已经被识别的威胁）时，我们该如何计划（避免）？

- 我们还缺什么？

- 事情生变怎么办？我们如何替未知做准备？

- 为应对 SEO 失败，要做什么准备或如何实施应急措施？

- 最低期待收获是多少（注意：收获不仅是资本收益，还有价值、内容、网站、业务和用户等）？

- 最坏的情况是什么，我们应如何避免？

- 我们是如何制约了自己在搜索方面获得成功的能力的？

有几种方式可以制订应急方案，这通常和你的目标直接关联，提供提示供你制订搜索（而不是 SEO）应急方案比仅提供一个例子供你复制更加有用。

以下是对你制订自己的 SEO 应急方案的一些提示。立见分晓的检验办法，是问自己以下的提示是否回答了以上的问题。

测量

你的应急方案应当被赋予参数。参与项目的每个人应当了解成功和失败分别是什么，从而按照这个逻辑制定战略并整合到路径中。成功（和失败）需要被量化，最好经过讨论并获得同意。保持搜索成功，对一个公司来说可以是个目标，对另外一个公司却可能是灾难。

事件触发

在应急方案中，你需要有某种程序或者方式触发方案中的事件，从而改变路径或者实施项目（除非是主动地而不是被动地这样做）。例如，流量降低了20%，转换率降低了25%等。

优先措施

当你手中有几个目前未被采用的补充应急措施时，在逻辑上你需要能够对其评估，并按照优先级进行排序。一些措施可能需要额外的支出，还可能需要较长的时间来实施。考虑了这些方方面面后，你决定实施时，可把一些应急元素包含到你的战略中，这样，其措施才更加有效。

重新评估和更新

应急方案和其他任何战略项目一样，可能变得过时且不能反映当前的需要。开展定期审查、更新和评估，对挖掘你已经起草的任何方案都非常重要。

文化可容性

应急方案、危机管理和备用方案（任何与此话题有关的术语），反映你所在业务领域的看法和文化。针对制订方案的决策者、影响者和可能被召集过来实施应急方案的人，应急方案需要获得他们的同意和支持。

执行人和责任

应急路径中的每个措施都需要任务执行人来把控和执行。对于应急方案来说，需要的人员应具有额外的资源以应对人员变动和因短期支援而产生的外部要求。

关键点

● 在全书的收尾部分，从长远出发有必要梳理书中所分享的话题和见解。

● 随着内部、外部的变化和挑战的不断呈现，容易造成只关注现在而忽视未来的局面。

● 为了获取网络上的长期成功，如果只有单一焦点或者不变的主题，就应该在完成的所有动作中，强调价值的重要性。

● 广义的 SEO 应用和行业变化的频繁，使任何搜索引擎专家的挑战都是保持持续学习、调整以跟上行业变化的能力。

● 如果你不能被趋势所引领，就必须具备认知力，以确保你的做法是有影响的（正确的）并反映在你面前的最新的机会上。

● 用搜索引擎优化，总能找到市场的成功之路。应急方案能够帮助你识别这些备选项，并有效地加以利用。

致　谢

我对数字营销的热情驱使我写了这本书。我在线谈及有机结果的传播时，也遇到了很多关于 SEO 行业规划与理解的迷惑，并且对事情（什么）背后的原因（为什么）的涉猎就更少了。在创作这本书之前，我受到了很多人的影响。

自 2000 年起，我就有幸与一些非常有头脑的人共事。他们中的每个人都对这本书的成功问世有所贡献。但是，我知道他们中很少有人想或是希望突出他们在本书中的重要作用。

多亏了 Vertical Leap（垂直弹跳）——多年来的工作岗位，让我获得一如既往的动力，并达到目前的专业水平。特别需要提到的是马特·霍普金斯（Matt Hopkins）以及董事会，当然还有 SEO 团队的每个人以及公司里面的每个人，每天都在询问本书的进度，不但促进了我个人的成长，也促进了整个专业团队的成长。

我很幸运，有一些非常亲密的朋友一直在我身边。我知道如果我提及其中的一些人，那么我会忽略很多人，但是我不得不对卢斯·加兰德（Russ Garland）、琼·嘉顿（Jon Caton）以及本·科提斯（Ben Curtis）特地表示感激之情。

最后，还得感谢在我生活中有着重要意义的人，不管是从专业角度还是个人的角度来说，是他们成就了我现在的一切。他们分别是阿亚克、索菲亚、母亲、父亲和基耶。